到来する共同体

ジョルジョ・アガンベン

上村忠男 訳

月曜社

La comunità che viene
Giorgio Agamben

凡例

本書は Giorgio Agamben, *La comunità che viene,* Torino: Bollati Boringhieri, 2001 の全訳である。詳細は「訳者あとがき」に記した。原文中のイタリック体は訳文では傍点で示した。原文中のギュメ «　» で括られている語句ないし引用文には二重山括弧《　》を用い、訳者が語のまとまりや強調を示す場合はカギ括弧「　」を用いた。原文中の大文字で始まる術語には山括弧〈　〉を用いた。原語の意味に両義性が認められる場合にはダブルハイフン゠で訳語を連結した。亀甲括弧〔　〕の部分は訳者による注記ないし補足である。訳注は◆で示した。

到来する共同体

目次

この小著は理性的な魂の天国〔paradisus animae intelligentis〕◆と称される。

あらゆるものはあらゆるもののうちにあり、それの外では無である。◆◆

◆——ある匿名の編者によって編まれたドイツの神秘主義者ヨハンネス・タウラー（Johannes Tauler,1300?-1361）の説教集の表題。

◆◆——スペインのカバラー主義者アブラハム・アブーラーフィア（Abraham ben Samuel Abulafia, 1271-1291）の著書『トーラーの秘密』の、十五世紀イタリアのユダヤ系人文主義者フラウィウス・ミトリダテス、別名グリエルモ・ライモンド・モンカダ（Flavius Mithridates; Guglielmo Raimondo Moncada）によるラテン語訳に登場する言葉。

1

なんであれかまわないもの

Qualunque

到来する存在はなんであれかまわない存在〔essere qualunque〕である。スコラ学において超越概念が列挙されるとき（quodlibet ens est unum, verum, bonum seu perfectum：なんであれ存在するものは一であるか、真であるか、善であるか、それとも完全であるかのいずれかである〔カント『純粋理性批判』B114参照〕）、それぞれのうちにあっては思考されないままにとどまっていながらも、他のすべてのものの意味を条件づけている語は、quodlibetという形容詞である。このラテン語の形容詞は《なんであるかは関係がない》という意味に訳されるのが普通であるが、これはたしかに正確な訳である。だが、形式においては、そのラテン語は厳密には正反対のことを言っている。quodlibet ensというのは《なんであるかは関係がない存在》ではなくて、《なんであれ関係があるような存在》のことである。すなわち、そこにはすでにつねに望ましい（libet）ということへの送付が含意されているのであって、望ましい存在は願望と本源的な関係を有しているのである。

じっさいにも、ここで問題になっている〈なんであれかまわないもの〉は、個物ないし単独の存在をある共通の特性（たとえば、赤いものであるとか、フランス人であるとか、ムスリムであるとかといったような概念）にたいして無関心なかたちで受けとるわけではなく、それがそのように存在しているままに〔ありのままに〕受けとるにすぎない。このことによって、個物ないし単独の存在は認識に個別的なものの言表不可能性と普遍的なものの可知性のいずれかを選択することを余儀なくさせる偽りのディレンマから解き放たれる。可知的なものとは、ゲルソニデス◆のみごとな表現によれば、普遍的なものでもなければ、ある系のなかに包含された個別的なものでもなく、《それがどんなものであれ単独の存在であるかぎりでの単独の存在》であるからである。このとらえ方のなかでは、その単独の存在が何であるかということは、それがあれやこれやの特性を所有していて、あれやこれやの集合、あれやこれやのクラス（赤いもの、フランス人、ムスリム）に所属しているという同定がなされることから解き放たれる。それも、別のクラスに向かってや、いっさいの所属がまったく欠如していることに向かってではなく、それがそのように存在していること、所属そのものに向かって解き放たれるのである。こうして、所属の条件のもとではたえず隠れたままになっており、なんら実在的な述語ではない、そのように存在していること（「yに所属しているようなxが存在する」こと）が、それ自体明るみになる。そのようなものとして露わにされた個物ないし単独の存在こそは、望ましいもの、すなわち愛する価値のあるものなのだ。

愛は愛する相手のあれやこれやの特性（ブロンドの髪をしているとか、体型が小さいとか、優しいとか、足が不自由であるといったような）に差し向けられることはけっしてないが、それらの特性を愛する相手から無味乾燥な一般性（普遍的な愛）の名においで分離することもない。愛は〔事物を品質づける〕述語のすべてを余すところなく具えた事物を欲する。事物がそのように存在するままに存在することを欲する。愛が何ものかを欲するのは、それがそのように存在するままに存在するかぎりにおいてのことである。これが愛に特有のフェティシズムである。こうして、なんであれかまわない単独の存在（〈愛する価値のあるもの〉）は、けっして何ものか、あれやこれやの性質ないし本質を知っているわけではなく、あくまでも知る可能性があるということを知っているにすぎない。プラトンがエロース的な想起として描写している運動は、対象を別の事物や別の場所に向かって移動させるのではなく、自己そのものの生起〔aver-luogo：場所をもつこと〕に向かって、つまりは〈イデア〉に向かって移動させるのである。

◆――ゲルソニデスは本名レヴィ・ベン＝ゲルション（Gersonides; Levi ben-Gershon, 1288-1344）。アリストテレス哲学とユダヤ神学の批判的総合をくわだてた中世フランスの哲学者・聖書解釈学者で、数学者・自然学者でもあった。主著は *Milamot Adonai*（『主の戦い』一三二九年）。

2 リンボから Dal Limbo

なんであれかまわないもろもろの単独者はどこからやってくるのだろうか。それらの王国はどこにあるのだろうか。リンボ〔孩所〕にかんしてトマス・アクィナスが立てている問いには、回答のための諸要素が含まれている。トマスによると、洗礼を受けていなくて原罪以外のどんな罪も犯すことなく死んだ幼児たちが受ける罰は、地獄での罰のような苦痛をともなう罰ではなく、もっぱら何ものかが奪い去られてしまっているという罰、すなわち、いつまで経っても神のヴィジョンをもつことができないでいるという罰である。ただ、この欠乏について、リンボの住人たちは、地獄に堕ちた者たちとは異なって、苦痛を味わうことがない。彼らは自然的な認識しかもっておらず、洗礼によってわたしたちのうちに植えつけられる超自然的な認識をもっていないからである。彼らは最高の善が自分たちから奪われてしまっていることを知らない。あるいは（別の見解が認めているように）知っていても、ものごとの道理をわきまえた大人が鳥のように飛べないことに悩まされるようには、最高の善が奪われてしまっているのを悔やむことができない。じっさいにも、もし苦痛を味わうとしたなら、償いようのない罪に苦しむことになってしまうだろうから、彼らの苦痛は、地獄に堕ちた者たちの場合に起きるように、彼らを絶望へと追いやる結果となってしまうだろう。だが、これでは公正とは言えないだろう。そのうえ、彼らの身体は福者の身体と同様、いっこうに苦痛を感じない。ただし、それはあくまで神の裁きのとる措置にかんしてのことである。それ以外のものにかんしては、彼らは彼らが生まれつきもっている自然的な美点を十分に享受している。

こうして、最大の罰——神のヴィジョンの欠如——は反転して自然的な喜びとなる。治療のしようもなく道を見失ってしまっていながら、彼らはなんらの苦痛も感じることなく神に見捨てられた状態のもとで生きている。神が彼らを失念してしまったのではなく、彼らのほうですでにつねに神を忘れてしまっているのだ。そして、彼らの忘却にたいして、神による失念はなんの力も発揮することができないでいる。宛先人不明の手紙のように、これらの甦った者たちは行き先がないままにとどまっている。選ばれた者のように祝福されることもなければ、呪われた者のように絶望に追いやられることもなく、彼らはいつまで経っても売り捌き先を見つけられない幸福感で満たされている。

このリンボ的性質はヴァルザー◆の世界の秘密である。彼の作品に登場する人物たちは取り返しようもなく道を見失ってしまっているが、堕落と救済の彼方の地域に住んでいる。自分が取るに足らない人物であることを彼らがあんなにも自慢しているのは、なによりも彼らが救済にたいして中立の立場をとっていることの証しであり、救済の観念そのものにたいしてこれまで申し立てられてきた最もラディカルな異議である。じっさいにも、救済すべきものが何ひとつ存在しない生はまことに救済のしようがないのであって、そうした生にたいしてはキリスト教的オイコノミア〔統治〕の重厚な神学機械も難破せざるをえない。ここから、ヴァルザーの登場人物たちの特徴をなす、小悪党ぶりと謙遜ぶり、カートゥーン〔諷刺漫画〕流の無思慮と几帳面な規則遵守の混合が出てくる。またここから、彼らの曖昧さが出てくる。そして、このため、彼らとのあらゆる関係はいつも最後にはベッドに行きつくかのようにみえる。それは異教徒のヒュブリス〔hybris：傲慢さ〕でもなければ、キリスト教徒の信奉する神によって創造された者たちの小心さでもなく、神の裁きにたいしてリンボの住人がなんの苦痛も感じないでいることの表われであるにすぎない。

処刑するはずであった機械が壊れたために生き延びて解放されたカフカの『流刑地にて』の罪人のように、彼らは罪と裁きの世界に背を向けたまま放置されている。彼らの額に降り注ぐ光は、最後の審判の日に続いてやってくる夜明けの――取り返しのつかない――光である。だが、最後の日のあとに地上で始まる生は、単純に人間の生なのだ。

◆――ローベルト・ヴァルザー（Robert Walser, 1878-1956）はスイスの作家。

3 見本 Esempio

個別的なものと普遍的なもののアンチノミーはその起源を言語活動のうちにもっている。木という言葉は、それが個々の言表不可能な木に代えてそれに固有の普遍的な指示対象を置いているかぎりで（terminus supponit significatum pro re〔語は事物の代わりに指示対象を置く〕）、あらゆる木を無差別に名指しする。すなわち、それはもろもろの個物をその意味が共通の特性（所属の条件∈）によって定義されるようなあるひとつのクラスのメンバーに変えてしまうのだ。近代の論理学において集合論が隆盛をきわめているのは、集合の定義がたんに言語による指示作用を定義したものでしかないという事実に起因している。個々の区別された対象mをひとつの全体Mに包摂するものは名辞以外の何ものでもない。ここからクラスのさまざまな解けないパラドクスが生じてくるのであって、どんな《乱暴なタイプ理論》◆もこれを解いてみせることはできないだろう。じっさいにも、それらのパラドクスは言語的存在の在り場所を定義している。言語的存在は自己自身に所属すると同時に所属しないあるひとつのクラスである。そして自己自身に所属しないあらゆるクラスからなるクラスが言語なのだ。言語的存在（名指された存在）は集合（木一般）であると同時に個物（定冠詞の付いた木、不定冠詞の付いた木、指示詞の付いた木）である。そして、記号∈によって表現される意味の媒介作用も、どのようにしても両者のあいだのギャップを埋め合わせることはできないのであって、そのあいだを冠詞だけが自由に動き回ることができるのである。

普遍的なものと個別的なもののアンチノミーを逃れているひとつの概念がずっと前からわたしたちによく知られていた。見本〔esempio〕という概念がそれである。見本がその力を発揮するどんな領域においても、見本の特徴をなしているのは、それが同一のジャンルのすべてのケースに妥当するものであると同時にそれ自体それらのケースのなかに含まれているという事実である。見本は、それ自体が個物のなかのひとつの個物でありながら、他の個物のそれぞれを代表する立場にあって、すべてに妥当する。じっさいにも、一方では、あらゆる見本は実在するひとつの個別として扱われるが、しかしまた他方では、それはその個別性においては妥当しえないものであると了解されつづけている。個別的なものでもなければ、さりとて普遍的なものでもなく、見本はいわば自らをあるがままの姿で見るようにさせ、その個物としてのありようを挙示してみせる特異な対象なのだ。ここから、「見本」をギリシア語で表現したパラデイグマ〔para-deigma〕、「傍らに並べて挙示されるもの」という語の意味深長さが明らかとなる（同様にドイツ語の**Bei-spiel**〔見本〕にも「傍らで遊戯するもの」という意味が込められている）。このようなわけで、見本の占める固有の場所はつねに自らの傍らにある空虚な空間に存在している。そして、そのなかにあって、品質づけることもできなければ忘却することもできない見本の生は展開される。この生は純粋に言語的な存在である。品質づけることもできなければ忘却することもできないのは、ただひとり言葉のなかにある生だけである。見本的な存在は純粋に言語的な存在である。見本的であるとは、名指されるものであるということを除いてはなんらの特性によっても定義されないということである。赤い存在ではなくて赤いと名指される存在、ヤコブという存在ではなくてヤコブと名指される存在が、見本を定義する。ここから、それをほんとうに真に受けようと決断するやいなや、それの曖昧さが浮上してくることとなる。じっさいにも、名指されるもの——およそありうる所属のすべてを基礎づける特性〈イタリア人、犬、共産主義者と名指されるもの〉——は、それらの所属すべてを根本的に問いに付すことのできるものでもある。それは〈最も共通のもの〉であって、およそあらゆる現実の共通性を切断してしまうのだ。ここから、なんであれかまわない存在の無力な汎妥当性が出てくる。ただし、それを無感動と取り違えてもならないし、ごたまぜ状態ないし唯々諾々と取り違えてもならない。これらの純粋の単独者は、あくまでも見本の空虚な空間のなかで、なんらの共通の特性、なんらの自己同一性によっても結びつけられることがないままに交信しあう。それらの単独者は所属そのもの、記号∈を自らのものにするためのあらゆる自己同一性を剝奪されてしまっている。トリックスターないし無為の徒、助手ないしカートゥーンとして、彼らは到来する共同体の見本にほかならない。

◆——ドイツの数学者ゲオルク・カントル（Georg Cantor, 1845-1918）が開発した集合論のうち「自分自身を元としない集合の集合」が論理的自己矛盾に陥ることを見いだしたイギリスの哲学者バートランド・ラッセル（Bertrand Arthur William Russell, 1872-1970）は、そのパラドクス（「ラッセルのパラドクス」）を解消するために「タイプ理論」（集合を階段状にタイプに分ける理論、階型理論）を導入した。《乱暴なタイプ理論》というのは、このラッセルのこころみを批判したオーストリア出身の哲学者ルートウィヒ・ウィトゲンシュタイン（Ludwig Josef Johann Wittgenstein, 1889-1951）の言葉。Cf. *Notebooks 1914-16*, ed. G. E. M. Anscomb and G. H. von Wright, Blackwell, 1961.〔奥雅博訳『草稿一九一四―一九一六』、『ウィトゲンシュタイン全集1』所収、大修館書店、一九七五年〕

4　生起　Aver luogo

倫理〔etica〕の意味が明らかになるのは、善はあらゆる悪しき事物や可能性と並ぶ、あるいはその上に立つ善き事物とか可能性とかではなく、またそのようなものではありえないこと、真正なものや真実のものは虚偽のものや真正でないものと（たとえ対立するものであるにしても）完全に類比的な関係にある実在的な述語ではないことが了解されるときでしかない。

悪を把握すること以外に善の本質は存在せず、真正なものや本来的なものは真正でないものや本来的でないもの以外の内容をもたないことが明らかとなる場所でしか、倫理は始まらない。これが「真理はおのれ自身と虚偽のものを開示する〔veritas patefacit se ipsum et falsum〕」という古い哲学的格言の意味である。真理は虚偽のものを明るみに出すことによってしか自らを明るみに出すことができないのだが、しかしまた虚偽のものも真理から切断されてどこか別の場所に追いやられることはない。patefacere という動詞には《道を開く》という意味がある。これは spatium〔空間〕と関連した動詞であって、この動詞が語源的に指示している内容にしたがうなら、真理が明るみに出されるのは、非真理に場所をあたえることによってでしかない。すなわち、虚偽のものが生起すること、自分の内奥に潜んでいる非本来的なものを露呈させることによってでしかないのである。

人間たちのあいだで真正なものと善が他のものから分離した場所をもっていた（それらが parte〔当事者〕であった）かぎりでは、たしかに地上の生はどこまでも限りなくきわめて美しいものであった（今日でもわたしたちは真正なものに関与している人々を知っている）。しかし、その場合でも、非本来的なものを自分のものにすることがそれ自体として不可能であったのは、真正なものを主張することが結果として非本来的なものを別の場所に追いやることになっていたからであって、非本来的なものが立ち現われるたびに道徳〔morale〕が戻ってきてはそれにたいする障壁を築きあげるのだった。善を獲得することは、こうして必然的に、排斥されてしまっていた悪の部分が成長することをも含意していた。そして天国の壁が固められるたびごとに地獄の底知れない深みもいっそう深まっていくのだった。

これにたいして、本来的なもののなんらの部分にも触れる巡り合わせになってこなかった（あるいはせいぜい善の取るに足らない微少部分のみと結びついてきたにすぎない）わたしたちの場合には、おそらく初めて、非本来的なものをそのものとして自分のものにする可能性、もはやゲヘンナ〔地獄〕のなんらの残滓もそれ自体の外に残さない可能性が開かれている。

完全なものは不可謬であるという、自由霊およびグノーシスの教理は、このような仕方でこそ理解されるのでなければならない。完全なものは不可謬であるということは、この教理を論駁しようとする者たちや異端審問官たちが粗雑にも偽証してみせているように、完全な人物は最も嫌悪すべき犯罪でも罪の意識なしに遂行できると主張してかまわないということを意味していたのではない（このような主張はいつの時代にあっても道徳家たちの逆立ちした空想である）。そうではなくて、完全な人物は悪と非本来的なもののあらゆる可能性をすべて自分のものにしてしまっており、それゆえ悪をなすことができないということを意味していたのである。

これこそは、一二一〇年十一月十二日、アモリ・ド・ベネ◆の信奉者たちを焚刑に処することとなった異端の教理的内容にほかならなかった。アモリは《神はすべてにおいてすべてである》という使徒〔パウロ〕の言葉〔『コリント人への手紙 一』15・28〕をプラトンのコーラ〔chora：場所〕の学説のひとつのラディカルな神学的展開であると解釈していた。神は、それぞれの事物のうちに、それぞれの事物がそのなかに存在する場所として存在する。あるいはあらゆる存在者の限定および場所性として存在する。ひいては、超越者はすべての事物の上位にある至高の存在者ではない。むしろ、あらゆる事物の生起こそが純粋な意味における超越者なのだ。つまりは絶対的な内在。

神であれ、善であれ、場所であれ、それ自体は生起しない。それはもろもろの存在者が生起すること、それらの存在者がその最深部にあっては外在的であることを言っている。うじ虫がうじ虫であること、石が石であることが、神的なのだ。世界が存在するということ、何ものかが出現し顔をもつことができるということ、それぞれの事物の限定および限界として外在性と非潜在性が存在するということ。このことが善なのだ。こうしてほかでもない、善が取り戻しようもなく世界のうちに存在しているということこそが、あらゆる世界内的存在者を超越し外部に露呈させるところのものなのである。これにたいして、悪とはもろもろの事物の生起を他の事実と同様のひとつの事実に還元してしまうことであり、もろもろの事物の生起そのもののうちにもともと具わっている超越性を忘却してしまうことである。しかしながら、これらの事物にたいして、善はどこか別の場所にいるわけではない。善とは、ただたんにそれらの事物が自らに本来的な生起をつかみ取り、自らに本来的な非超越的質料に触れるさいに拠りどころとなる地点にほかならないのである。

この意味において——そしてこの意味においてのみ——善は悪が自らをつかみ取ることとして定義されなければならないのであり、救済は場所が自らに到来することとして定義されなければならないのである。

◆——アモリ・ド・ベネ、ラテン名アマリクス・デ・ベネ（Amaury de Bène; Amalricus de Bene, ?-1209）はフランスの神学者。あらゆる時代が終わるときにはすべての被造物が神の充満するなかで再統合されるという「アポカタスタシス」の教説を熱っぽく説いたことで知られる。

5

個体化の原理

Principium individuationis

なんであれかまわないものであることは個物ないし単独の存在を知るための基本要素であって、これがなくては存在も個体化も考えることができない。スコラ学が個体化の原理〔principium individuationis〕をどのように立てているかはよく知られているところである。トマス・アクィナスは、個体化の場所を質料のうちに求めた。これにたいして、ドゥンス・スコトゥスは、個体化を共通の性質ないし形相（たとえば「人間であること」）に——別の形相ないし本質ないし特性ではなくて——形相そのもののウルティマ・レアーリタース〔ultima realitas〕、《究極にあるもの》が付け加えられることというようにとらえる。個物は共通の形相に「このもの性〔haecceitas〕」以外の何ものも付け加えない（ジルソンの言葉を借りるなら、ここでわたしたちが目にしているのは、形相による個体化ではなくて、形相の個体化である）。しかし、ドゥンス・スコトゥスによると、このためには、共通の形相ないし性質はどんな個物にたいしても無関心であることが必要とされる。すなわち、それはそれ自体としては個別的なものでも普遍的なものでもなく、一なるものでも多なるものでもなく、「どんな個々の単位とも定立されることを厭わない」ものであることが必要とされるのである。

ドゥンス・スコトゥスの限界は、彼がここではどうやら、共通の性質を個物に先立って存在するひとつの実在であって、どんな個物にも無関心であるという特性をもっており、それに個物はたんに「このもの性」を付け加えるにすぎないかのように考えているらしいことである。このようにして彼はまさしく個物から切り離せない当のquodlibet〔なんであれ〕を思考されないままにしてしまう。そして、それと気づかずに、無関心さを個体化の根源そのものにしてしまっている。だが、なんであれかまわないということは無関心であることとは異なる。また、それは個物が共通の性質に依存していることを言い表わす述語ですらない。それでは、なんであれかまわないということと無関心であることとの関係はどのようなものであるのか。個々の人間にたいして「人間」なる共通の形相が無関心であるということはどのように理解すればよいのか。また個人の存在を構成している「このもの性」とはなんであるのか。

わたしたちはアベラールの教師であったシャンポーのギヨーム◆が《観念は個々人に本質においてではなく無関心＝無差別なかたちで〔non essentialiter, sed indifferenter〕提示される》と主張していたことを知っている。そしてドゥンス・スコトゥスは、共通の性質と「このもの性」とのあいだには本質上の違いは存在しない、と付け加えている。このことが指し示しているのは、観念と共通の性質は個物の本質を構成するものではないということ、この意味では個物は絶対的に非本質的なものであるということ、それゆえ、個物が個物として差異化されるさいの基準は本質とか概念以外のところに求められなければならないということである。そのときには、共通なものと個別的なものとの関係はもはやあるひとつの同一の本質が個々人のうちに永続的に存在することとは考えられなくなる。そして個体化の問題そのものが偽りの問題として立ち現われかねないこととなる。

この点で、共通のものについてのスピノザの考え方ほど教えられるところの多いものはない。彼は述べている、すべての物体はそれらが延長という神の属性を表現している点において一致する、と（『エチカ』第2部補助定理2）。しかしまた（『エチカ』第2

部定理37によれば）共通なものはけっして個物の本質を構成しない。ここで決定的なのは、非本質的な共通性という観念、なんら本質にはかかわらない一致という観念である。もろもろの個物が延長という属性において生起し、これをつうじて交信しあうことは、それらを本質〔*essentia*〕において結合するのではなくて、それらを現実存在〔*existentia*〕という形態において散種することとなるのである。

もろもろの個物にたいする共通の性質の無関心ではなくて、共通のものと独自のもの、類と種、本質と偶有的なものの無差別が、なんであれかまわないものを構成する。なんであれかまわないものとは、すべての特性を具えながらも、そのうちのどれひとつとして差異を構成することのないもののことである。もろもろの特性にたいして無差別であることが、もろもろの個物を個物として識別させ散種させるのであり、それらを愛するに値するもの（quodlibet なもの）にするのである。人間の発する正しい言葉が共通のもの（ラング）を自分のものにすることでもなければ自分に固有のものを交信しあうことでもないのと同様、人間の顔は一般的な facies〔顔〕なるものが個別化されたものでもなければ個々人のさまざまな特徴が普遍化されたものでもない。それはなんであれかまわないものの顔なのであって、そこでは共通の性質に属するものも自分に固有のものもなんら関係がないのである。

可能態から現実態への移行、共通の性質から個物への移行は一度なされたならそれで終わってしまう出来事ではなくて、たえず揺れ動く様相の限りない連続である、ととらえる中世の哲学者たちの理論は、この意味において読まれるのでなければならない。ある個物の現実存在が識別されるということは点として表示される一回かぎりの事実ではなくて、成長と緩和、自分のものになることと自分のものでなくなることがたえず入れ替わっていくのに応じてあらゆる方向に変化していく、実体の発生が描き出す線〔linea generationis substantiae〕である。線というイメージはたまたま選んだものではない。文字を形づくっている線を描く場合、手の運び〔ductus〕はたえず文字の共通の形態から書き手の存在を同定させてくれる個別的な筆遣いへと移行していく。しかも、どれほど綿密に筆跡鑑定をおこなってみても、二つの領域のあいだに厳密な境界線を引くことができない。これと同じように、顔の場合にも、人間の性質はたえず現実存在に移行していくのであり、この不断の出現こそはそれの表現性を構成しているのである。しかしまた、逆の事態も同じくらいありそうなことかもしれない。すなわち、pという文字を書いたり、その音素を発音したりする、わたしのやり方を特徴づけている百の慣用的な書法や語法から、その共通の形態は産み出される、と言ってもよいかもしれないのである。共通のものと独自のもの、類と個はなんであれかまわないものの尾根の両側を滑り落ちていく二つの斜面でしかないのだ。ドストエフスキーの『白痴』のなかで、ムイシュキン公爵はどんな人物の書法でも難なく真似して署名してのける（《敬白、修道院長パフヌティウス、ここに署名させていただきました》）。これと同じように、個別的なものと一般的なものは、ここでは無差別なものに転化する。そしてまさしくこれこそは《白痴状態》、すなわち、なんであれかまわないものの特性なのである。可能態から現実態へ、ラングからパロールへ、共通のものから独自のものへの移行は、いつも、両方向において、〔電気を帯びた素粒子が物質を通過するときに〕シンチレーション光が交互に発生する線に沿って生じる。そして、そこでは、共通の性質と独自の性質、可能態と現実態が役割を交換しあい、相手のなかに侵入していく。この線上で産み出される存在がなんであれかまわない存在なのであり、それが共通のものから独自のものへ、そして独自のものから共通のものへ移行していくさいの仕方が慣わし――あるいはエトス〔ethos〕と呼ばれるのである。

◆——エティエンヌ・ジルソン（Etienne Gilson, 1884-1978）はフランスのトマス主義哲学者・哲学史家。*La philosophie au moyen-âge*, vol. I: *De Scot Erigène à saint Bonaventure*; vol. II: *De saint Thomas d'Aquin à Guillaume d'Occam*（『中世哲学』一九二二年）をはじめ、*Jean Duns Scot, introduction à ses positions fondamentales*（『ヨハンネス・ドゥンス・スコトゥス』一九五二年）など、多数の著書がある。

◆——シャンポーのギヨーム（Guillaume de Champeaux, 1070?-1121）はフランスのスコラ哲学者。普遍論争では極端な実念論を唱えた。

6 くつろぎ Agio

タルムードによると、人にはそれぞれ二つの場所が用意されているという。ひとつはエデンであり、もうひとつはゲヒンノムである。正しい者は、無実であることがわかったのち、エデンで自らの場所にくわえて、呪われた隣人の場所を受けとる。正しくない者は、有罪の裁きを受けたのち、地獄で自らの場所にくわえて、救済された隣人の場所を受けとる。このため、『聖書』では正しい者たちについて《彼らは彼らの国において二倍のものを受けとるだろう》と書かれているのであり〔『イザヤ書』61・7〕、正しくない者たちについて《彼らを二倍の破壊によって〔どこまでも〕打ち砕いてください》と書かれているのである〔『エレミヤ書』17・18〕。

このタルムードのハッガーダーの地勢学において基本的要素をなしているのは、エデンとゲヒンノムの地理上の区別であるよりは、どんな人間でも不可避的に受けとることとなる隣接した場所のほうである。なぜなら、人はそれぞれの最終状態に到達して自らの運命を成就する瞬間、まさにこのことが理由で自分が隣人の場所にいるのを見いだすことになるからである。こうして、あらゆる被造物にとって最も固有のものが代替可能なものに転化し、ともかくも他人の場所にいることとなるのである。

偉大なアラブ学者マッシニョンは、若いころ、大胆にもイスラームの地でカトリック教に改宗してのけた経験をもつが、その晩年〔一九三四年〕、「代替」を指すアラビア語から採って「バダリヤ〔Badaliya〕」と名づけた共同体をカイロで設立している。そのメンバーは、だれかに代わって生きるという誓い、すなわち、他人の代わりにキリスト教徒でありつづけるという誓いを立てていた。

この代替行為は二様に解釈することができる。第一の解釈の仕方は他人の堕落ないし罪のうちにただ自分の救済のための機会だけを見ようとするものである。損害賠償のさほど教育的とは言えない経済にしたがって、喪失は神の選びによって、破滅は苦行によって償われるというわけである。〔この意味では、バダリヤは一九二一年にバレンシアの牢獄で自殺した同性愛の友人のために支払われた遅まきの代償でしかなかったのかもしれない。この友人からマッシニョンは改宗の時点で離れざるをえなかったのだった）。

しかし、バダリヤはもうひとつの解釈をも許す。じっさいにも、マッシニョンによると、だれかに代わることはその人物に欠けているものを償ったり、その人物の犯した誤りを正したりすることではなく、そのように存在しているままのその人物のなかに移り住み、その人物自身の魂のなかで、その人物自身の生起のなかで、キリストに歓待を捧げることを意味しているという。この代替行為はもはや自分の場所を知らない。この代替行為にとっては、あらゆる独自の存在の生起はすでにつねに共通のものであり、唯一無二の取り消すことのできない歓待へと捧げられた空なる空間である。

したがって、エデンをゲヒンノムから分かつ壁を打ち壊すことがバダリヤを動かしている隠れた意図なのだ。なぜなら、この共同体には代理者以外の場所は存在しないからであり、エデンとゲヒンノムはこの共通の相互代替行為を指示する名前でしかないからである。わたしたちの文化では、個人は代替不可能であるということがその普遍的な代表＝表象可能性を保証するためにのみ利用されている。このような偽善的なフィクションに、バダリヤは代表することも表象することもありえない無条件の代替可能性、つまりは絶対に代表＝表象不可能な共同体を対置するのである。

　このようにして、タルムードで各人が不可避的に受けとることとならざるをえない隣人の場所として提示されている数多的な共通の場所とは、あらゆる個物が自己自身へと到来すること、それがなんであれかまわないものであること――すなわち、それがそのように存在するままに存在していること以外の何ものでもないのである。

　この代表＝表象不可能な空間を名指す固有名詞がくつろぎである。じっさいにも、くつろぎ〔*agio*〕という語は、その語源によると、傍らにある空間（ad-jacens; adjacentia）を指している。空間的に隣接していることと時宜を得たこと（ad-agio：ゆとりをもつこと）、そしてまた快適さと正しい関係が境を接しているような意味論的布置のなかにあって、各人が自由に動き回れる空なる場所を指している。プロヴァンスの詩人たちは（彼らの歌のなかに「くつろぎ」という語はロマンス語圏で初めて aizi や aizimen というかたちで姿を見せる）「くつろぎ」を彼らの詩作法の専門的術語としていて、愛の場所そのものを指すのに用いている。あるいはより正しくは、愛の場所というよりも、なんであれかまわない個物が生起することの経験としての愛を指すのに用いている。この意味において、くつろぎはヘルダーリンの〔カジミール・ウルリヒ・ベーレンドルフ宛て書簡での〕表現によると《最もむずかしい仕事》である《本来的なものの自由な使用》を完璧に名指している。"Mout mi semblatz de bel aizin〔大層ご機嫌うるわしう〕" ――これがジョフレ・ルーデル◆◆◆◆の歌のなかで恋人たちが出会ったときに交わす挨拶である。

◆――ゲヒンノムは、エルサレム郊外にあった「ヒンノムの子の谷」のこと。罪を犯した者たちがそこに送られて責め苦に遭うとされた。キリスト教で言う「地獄」に当たるヘブライ語。

◆◆――ハッガーダーは、『タルムード』に出てくるユダヤ教の過越祭の晩餐の席で読まれる寓話を指す。

◆◆◆――ルイ・マッシニョン（Louis Massignon, 1883-1962）はフランスのイスラーム学者。

◆◆◆◆――ジョフレ・ルーデル（Jaufre Rudel, ?-1147?）は第二次十字軍に参加したブライ大公。トロバドゥールの一人であった。

7　マネリエス　Maneries

中世の論理学が知っていた術語に、その正確な語源も本来の意味もこれまで歴史家たちの忍耐強い探求を逃れてきた言葉がある。じっさいにも、ある史料は、類や普遍概念はマネリエス〔maneries；maniera〕であるという主張をロスケリヌス◆とその学派のものであるとしている。ソールズベリーのジョン◆はその著書『メタロギコン』のなかでこの術語を引用したさい、自分にはその意味が十分にはわからない（incertum habeo）と言っているが、見たところ、その語源をmanere すなわち「とどまりつづける」から出発してつかみとろうしているようである（《ひとは事物の数とそれぞれの事物があるがままにとどまっている状態をマネリエスと呼んでいる》）。これらの著者は、最も普遍的な存在のことを「マネリエス」と言ったとき、何を心に思い描いていたのだろうか。あるいはむしろ、なぜ彼らは類と種と並んでこの第三の形象を導き入れたのだろうか。

ピサのウグッチョーネの定義は、彼らが《マネリエス》と呼んでいたものは類的なものでもなければ個別的なものでもなく、なにか見本となる個物ないし数多的でもある単一的存在のようなものであったことを示唆している。《この種類の草はわたしの菜園で育つ、とひとが言う場合、種はマネリエスと呼ばれる》と彼は書いている。論理学者たちは、そのような場合には、《あるものが呈示され、別のものが意味される〔呈示されるものと意味されるものとが異なる〕》ということで、《悟性への呈示（demonstratio ad intellectum）》という言い方をしていた。すなわち、マネリエスは類でも個でもない。それはひとつの見本、つまりはなんであれかまわない個物なのだ。だとすれば、たぶん“maneries”という術語はmanere〔とどまりつづける〕から派生したものでもなければ（存在の住処そのもの、プロティノスの言うモネー〔monē：とどまるもの〕を表現するさいには、中世の人々はmanentiaとかmansioと言っていた）、（近代の文献学者たちがそう想定したがっているように）manus〔手〕から派生したものでもなく、manare〔発する〕から派生したものなのだろう。すなわち、発生状態にある存在を指しているのだろう。これは、西洋の存在論を支配している区分法にしたがって言うなら、本質でもなければ現実存在〔実存〕でもなく、発生の様式である。あれやこれやの様式において存在している存在ではなく、その存在の様式そのものであるような存在、それゆえ、単一的で無差別ではないものでありつづけながらも、数多的ですべてに妥当するような存在である。

発生の様式という観念、存在の本源的マニエリズムというこの観念のみが、存在論と倫理学のあいだに共通の通路を見いだすことを可能にしてくれる。自分自身の下にとどまりつづけているのではない存在。隠れた本質として自らに前提されているのではない存在、偶然や運命がそのあとで品質づけの責め苦へと追いやるのではなくて、それらの品質づけのなかで自らを曝す存在。余すところなくあるがままの姿をしている存在。そのような存在は偶然的でも必然的でもなく、いわば、自分自身の様式から不断に産み出されるのである。

プロティノスは、一者の自由と意志について考えようとして、一者については《このように存在するということが生じた》と言うことはできないのであって、一者は《自己のあり方の主人〔決定者〕ではなくて、現にあるがままの姿で存在している》と説明している。また、一者は《自己を存在せしめたのではなくて、あるがままの自己を用いているにすぎない》のであり、それがそのようであるのは必然的に、それ以外ではありえないからではなくて、《そのようであることが最善である》からであるとも説明している〔『エンネアデス』第6論集第8論文〕。こう説明するとき、プロティノスはこの種の存在のことを心に思い描いていたにちがいないのだった。

この自由な自己の使用、しかしまた現実存在をひとつの特性としてあつかうことをしない使用を理解するための唯一の仕方は、おそらく、それを慣わし、エトスとして考えるというやり方ではないだろうか。じっさいにも、自分自身の存在様式から産み出されるというのは、慣わしを定義したものにほかならない（ギリシア人が「第二の自然」ということを口にするのはこのためである）。わたしたちに起きたり、わたしたちを基礎づけたりするのではなくて、わたしたちを産み出す様式こそが倫理的なのだ。そして、このようにして自分自身の様式から産み出されるものが、人間たちにとって真に可能な唯一の幸福なのである。

だが、発生の様式はなんであれかまわない個物の住まう場所でもある。そして、その個体化の原理でもある。じっさいにも、自分自身の様式にほかならない存在にとっては、このような発生の様式はその存在に本来具わっていてそれを本質として規定し同定するようなものではなく、むしろ、その存在にとって非本来的なものである。しかしまた、この非本来的なものがそれの唯一無二の存在と見なされて自分のものにされるということが、それを見本的な存在にしているのである。見本とはそれがあくまでそれの見本であるような存在のことでしかない。が、しかしながら、この存在はそれには所属しない。それは完全に共通のものである。わたしたちがわたしたちの本来的な存在として露呈させる非本来的なもの、わたしたちが使用する様式こそがわたしたちを産み出すのである。これこそはわたしたちの第二の自然、〔第一の自然よりも〕さらに幸福な自然なのだ。

◆――ロスケリヌス（Roscellinus, 1050?-1124?）はフランスの哲学者・神学者。唯名論の創始者と目されることが多い。

◆◆――ソールズベリーのジョン（John of Salisbury, 1115/20-1180）は古典的人文主義の哲学者。イギリスのソールズベリーに生まれ、フランスに渡って、パリとその周辺で学んだのち、シャルトルの司教の座に就いている。*Metalogicon*（『メタロギコン』一一五九年）ほかの著作がある。

◆◆◆——ピサのウグッチョーネ（Uguccione da Pisa; Huguccio; Hugo, 1130?-1210）はイタリアの教会法学者。*Derivationes*（『派生語辞典』）の編纂者としても知られる。

8 悪魔的なもの Demonico

異端的傾向がどれほど執拗に繰り返し現われては、サタンが最終的には救済されることを要求しているかは、よく知られているところである。ヴァルザーの世界では、ゲヒンノムの最後の悪魔も天へ運ばれてしまい、救済の歴史の過程が跡形もなく終結してしまったときになって、幕が上がる。

二十世紀において自分たちを取り巻いている比類のない恐怖をこのうえない明澄さをもって観察してきた二人の作家——カフカとヴァルザー——が、その伝統的な最高の表現形態における悪——悪魔的なもの——が姿を消してしまうような世界をわたしたちに提示してみせているのは、驚くべきことである。カフカの小説に登場するクラムも伯爵も、あるいはまた文書係や裁判官も、いわんやヴァルザーの登場人物たちはなおさらのこと、曖昧でつかみどころのない面はあるものの、けっして悪魔学のカタログのなかに登場することはありえないのではないだろうか。これら二人の作家の世界になにか悪魔的要素のようなものが生き残っているとするなら、それはむしろ、スピノザが悪魔は被造物のうちで最も弱く、神から最も遠く離れた存在であると書いたとき〔『短論文』第2部第25章参照〕、心に思い描いていたかもしれないような形態においてであろう。そのようなものとして――すなわち、本質的に力のない存在であるかぎりで――悪魔はなんらの悪もなすことができないばかりか、かえって、わたしたちの援助とわたしたちの祈りを他のだれよりも必要としている存在である。それは、現実に存在するあらゆる存在のなかにあって、沈黙のうちにわたしたちの救助を求めている、存在しないでいることの可能性なのだ(あるいはこう言ったほうがよければ、悪魔とは神的な無力〔impotenza〕ないし神において存在しないでいることの能力〔potenza〕以外の何ものでもないのである)。悪とは、もっぱら、この悪魔的な要素を前にしたわたしたちの不適切な反応のことである。わたしたちがその悪魔的な要素から恐れおののいて引き下がり、――この逃走のなかで足固めをしながら――なんらかの存在することの権力〔potere〕を行使しようとすることなのだ。無力ないし存在しないでいることの能力が悪の根源であるのは、あくまでもこの副次的な意味においてでしかない。わたしたち自身の無力から逃走しながら、あるいはその無力を武器に役立てようとこころみながら、わたしたちは邪悪な権力を構築し、この権力によってわたしたちに弱さを示す者たちを抑圧するのである。また、わたしたちの最も内奥に潜んでいる、存在しないでいることの可能性をつかみ損ねて、愛を可能にする唯一のものから転落してしまうのである。じっさいにも、創造——ないし現実存在——とは存在することの力が存在しないでいることの力と闘って勝利することではない。それはむしろ、神が神自身の無力を前にして無力であることなのだ。神が存在しないでいることができなくなって、もろもろの事物がたまさかに発生するのをそのままにしていることなのである。あるいは神における愛の誕生なのである。

　だから、カフカとヴァルザーが神の全能に対置して妥当させようとしているのは、被造物が生来有している純真無垢さでもなければ、誘惑の純真無垢さでもない。彼らの作品に登場する悪魔的存在は誘惑者ではなくて、誘惑されることを限りなく受けいれうる存在である。アイヒマン、つまりは徹底して凡庸な人間が、まさしく法〔diritto〕と法律〔legge〕の力によって悪事を働くよう誘惑されてしまったということは、恐るべきことにも、わたしたちの時代が彼らの診断に復讐をくわだてていることを確認させてくれる。

9 バートルビー　Bartleby

カントは可能性の図式を《ある事物の表象をなんらかの時間について規定すること》と定義している〔『純粋理性批判』B184〕。現実性と区別されたものであるかぎりでの可能態ないし可能性には、つねに、なんであれかまわないものの形式、なんであれ望ましいものという還元不可能な性格が付着しているようである。だが、ここで問題になっているのはどのような可能態なのだろうか。また、このコンテクストにおいて、《なんであれかまわない》とは何を意味しているのだろうか。

アリストテレスによると、あらゆる可能態は二つの様相に分節されるという。これら二つの様相のうち、いまの場合に決定的なのは、彼が《存在しないことの可能性

（dynamis mē einai）》、あるいは無能力（adynamia）と呼んでいるものである。なぜなら、なんであれかまわない存在がつねに可能態としての性格をもっているというのが真実であるなら、しかしまた、それがあれやこれやの特殊的な行為をなす能力があるにすぎないのでもなければ、能力を欠いていて、単純に何もできないのでもなく、いわんや、全能であってどんなものでも無差別になしうるというのではないことも、同様に確実であるからである。存在しないでいることができる存在、自ら無能力であることができる存在こそ、本来、なんであれかまわない存在なのである。

　ここでは、いっさいが可能態から現実態への移行が生じるさいの様式にかかっている。じっさいにも、存在することができることと存在しないでいることができることが対称をなしているのは、たんに外見上のことにすぎない。存在することの能力の場合には、その能力はあるなんらかの行為を対象にもっている。その能力にとっては、エネルゲイン〔energein〕、行為しているということは、ある特定の活動に移行するということを指しているにすぎないという意味においてである（このためにシェリングは〔最晩年のベルリン大学での講義「自然過程の叙述」において〕行為へと移行せざるをえないこの能力を盲目の能力と定義するのである）。これにたいして、存在しないでいることの能力の場合には、行為はけっしてたんなる可能態〔potentia〕から現実態〔actum〕への移行のうちには存在しえない。すなわち、その能力はその能力そのものを対象にもつ能力、あるひとつの potentia potentiae〔能力の能力〕なのだ。

そのときには、能力でもあれば無能力でもありうるような能力のみが至上の能力であることになる。もしあらゆる能力が存在することの能力であるとともに存在しないことの能力でもあるのであってみれば、行為への移行は自らが有している存在しないでいることの能力を行為のなかに搬入することによってのみ（アリストテレスは《救済することによって》と言っている〔『魂について』417b4〕）生じうるのである。このことが意味しているのは、もしあらゆるピアニストにかならず演奏する能力と演奏しないでいる能力がともに具わっているとするなら、しかしまたただひとりグレン・グールドだけが、演奏しないでいることをしないことができるピアニストであり、その能力を行為に差し向けるだけでなく、無能力そのものにも差し向けることによって、こう言ってよければ、演奏しないでいる能力でもって演奏するピアニストであるということである。巧みにも彼は自分に具わっている演奏しないでいる能力をあっさりと否定し捨て去る。それでいて、彼の熟達した技は演奏する能力ではなくて（こちらのほうは積極的な能力が行為に優越することを主張するアイロニーの定立にほかならない)、演奏しないでいる能力を演奏のなかで保持し行使しているのである。

『魂について』〔429a22-430a2〕のなかで、アリストテレスはこの理論をほかでもない形而上学の最高のテーマと関連させながら端的なかたちで言明したことがあった。じっさいにも、もし思考があれやこれやの可知的なものを思考する能力にすぎないのであったとしたなら、そのときには——と彼は論じている——思考はすでにつねに行為のなかに移行してしまっていて、自らの対象にたいして必然的に劣位の状態にとどまったままでいざるをえなくなってしまうだろう、と。しかし、思考は本質的には純粋の能力である。すなわち、思考しないでいる能力でもある。そして、そのようなものとして、可能的な知性あるいは質料的な〔物質的な〕知性として、それはアリストテレスによって何も書かれていない書板になぞらえられたのだった(これはラテン語の翻訳者たちが tabula rasa という表現をあたえた有名なイメージである。もっとも、古代の注釈者たちが注意していたように、それはむしろ、rasum tabulae と、すなわち、書板を覆っていて、尖筆で引っ搔く蠟の層と言うべきであったにしてもである)。

思考が自分自身に(その純粋の能力に)向かうことができ、その絶頂点において思考の思考であることができるのは、この思考しないでいる能力のおかげである。しかしまた、ここでそれが思考しているのはあるなんらかの対象、行為している存在ではない。そうではなくて、蠟の層、rasum tabulae をこそ、それは思考しているのであって、これはそれに本来的なものである受動性、（思考しないでいることの）純粋の能力以外の何ものでもない。自らを思考する能力のなかにあって、能動と受動は一体のものとなる。そして書板は自らひとりでに書く、あるいはむしろ、それに本来的なものである受動性を書くのである。

完全な書記行為は書くことの能力からやってくるのではなく、無能力が自分自身へと向かい、このようにして（アリストテレスが能動知性と呼んでいる）純粋の行為として自らに到来することからやってくる。このため、アラブの伝統のなかでは、能動知性はクァラム〔Qualam〕つまり「ペン」という名をもち、計り知れない可能態を居場所とする天使の姿をしているのである。バートルビー、すなわち、ただ書くことを止めず、しかしまた《書かないでいることのほうを好む》筆生は、自らの書かないでいる能力以外のものは書かないこの天使の極端な像にほかならない。

10 取り返しがつかないもの

Irreparabile

トマス・アクィナスの『神学大全』「補遺」第91問には「最後の審判以後の世界の性質について」という見出しが付いている。そこで問われているのは、最後の審判以後の自然の状態である。宇宙のレノヴァーティオー〔renovatio：甦り・更新〕は存在するのだろうか。天体の運動は停止するのだろうか。四大の輝きは増すのだろうか。動物や樹木はどうなるのだろうか。これらの問いが遭遇している論理上の困難はつぎのこと、すなわち、もし可感的世界が不完全な人間存在の品位と住まい方に適合するように秩序づけられていたのだとすれば、この人間存在が超自然的な目的地に到達してしまったとき、その世界にはなおもどんな意味があるのだろうか、自然はその究極原因が成就されたのち、どのように生存していくことができるのだろうか、ということである。この問いに《善良で誠実な地上》でのヴァルザーの散歩はただひとつの回答しかもたらさない。《すばらしい田野》、《しっとりと露に濡れた牧草》、《優しい音を立てて流れる水》、《陽気な旗で飾られたレクリエーション・サークル》、少女たち、理髪店、ヴィルケ夫人〔ヴァルザーの短編作品『ヴィルケ夫人』の登場人物〕の部屋、すべてが、取り返しのつきようもなく、現にあるとおりのままだろう。しかし、まさにこのことこそがそれの新しさなのだろう。〈取り返しがつかないもの〉というのはヴァルザーの書記行為が事物に彫りこんでいるモノグラム〔花押〕である。取り返しがつかないというのは、事物が手の施しようもなくそれらがそんなふうに存在している状態に引き渡されてしまっていること、いやそれどころか、事物とはまさしくそれらがそんなふうであるしかないことを意味している（それが現にあるもの以外のものであるという主張ほどヴァルザーにとって無縁のものはない）。しかしまたそれは、事物にとっては、文字どおり、どんな避難所もありえないということ、それらがそんなふうであるなかで、事物はいまや絶対的に表にさらけ出されており、絶対的に見捨てられているということをも意味している。

このことは、最後の審判以後の世界からは必然性も偶然性も姿を消してしまっているということ、西洋思想が背負わされてきたこれら二つの十字架が姿を消してしまったということを含意している。世界はいまや何世紀にもわたって必然的に偶然的なものであり、偶然的に必然的なものである。必然性の命令を裁可する存在しないでいることはできないと揺れ動く偶然性を定義する存在しないでいることができるとのあいだにあって、終わった世界は後者の能力に、どんな自由をも基礎づけることのないようなひとつの偶然性を忍びこませる。その世界は存在しないでいるのではないことがありうるのである。取り返しがつかないものでありうるのである。

このため、「自然は、もし語ることができたなら、嘆き悲しむことだろう」という古い格言は、ここでは真実ではなくなる。動物も、草木も、事物も、最後の審判以後の世界のすべての四大と被造物は、自分たちの神学的任務を果たし終えて、いまや、こう言ってよければ堕落しえない堕落を享受するのであり、それらのものの上にはなにか神聖ならざる光背のようなものがぶらさがっている◆。それゆえ、到来する個物の身分を定義するのに、ヘルダーリン－スカルダネッリの晩年の詩のひとつ〔「秋」〕を閉じているつぎの詩行ほど適切なものはないだろう。

Sie zeiget sich mit einem golden Tage,
Und die Vollkommenheit ist ohne Klage.

〔それ（大地）は黄金の日とともにみずからを顕わにする。
そして完全さは嘆きをゆるさない。〕

◆――ヘルダーリンはしばしばスカルダネッリ（Scardanelli）というペンネームで作品を発表していた。ここでアガンベンが引いている詩“Der Herbst”（「秋」一八三七年作）の場合もそうである。

11 倫理

Etica

倫理にかんするあらゆる言説の出発点に置いておくべき事実は、人間にはそうであったり実現しなければならなかったりするどんな本質、どんな歴史的ないし霊的召命、どんな生物学的運命も存在しないという事実である。唯一このためにこそ、なにか倫理のようなものが存在しうるのである。というのも、もし人間があれやこれやの実体、あるいはあれやこれやの運命を背負った存在であったり、そのような存在でなければならないとしたなら、人間にはなんらの倫理的経験も可能ではなく、ただ実現すべき任務が存在するにすぎないだろうからである。

しかしまた、このことは、人間が何ものでもないとか、何ものでもありえないということ、人間はただ無に引き渡されており、ひいては、存在したり存在しなかったりすること、あれやこれやの運命を受託したり受託しなかったりすることを自らの意志で決定できるということ（ここにおいてニヒリズムと決定論が出会うこととなる）を意味するものではない。じっさいにも、人間がそうであったり、そうでなければならなかったりする何ものかが存在する。が、この何ものかは本質ではない。いや、本来の意味での事物《もの》でもない。それは自らが可能性ないし可能態として現存しているというたんなる事実であるにすぎない。だが、まさにこのためにこそ、万事は込みいってくるのである。まさにこのためにこそ、倫理は実効あるものとなるのである。

　人間にとって最も本来的なありようは自らの可能性ないし可能態であることなのだから、そのときには、そしてこの理由でのみ（すなわち、その最も本来的なありようは可能態であるところから、ある意味では、その本来的なありようは人間には欠如しており、人間はその本来的なありようでないこともありうるのであって、それゆえ、人間の最も本来的なありようは根拠を剝奪されていて、人間はすでにつねにそれを所有する状態にはないかぎりで）、人間は負債を抱えこんでいることとなる。またそう感じてもいる。すなわち、人間はそうであることもできればそうでないこともできるのだから、すでにつねに負債を抱えこんでいるのであり、なんらかの罪になる行為を犯してしまう前からすでにつねに良心の疚しさを感じているのである。

　これが原罪にかんする古来の神学的教理の唯一の内容である。ところが、道徳◆はこの教理を人間が犯すかもしれない罪ある行為と関係させて解釈する。そして、このようにして、その可能性を縛って、それを過去に向かわせる。しかし、悪を認証するということはあらゆる罪ある行為よりももっと古くから存在しており、もっと根源的である。そして、それはもっぱら、人間は自らの可能性ないし能力でしかなく、またそうでなければならないところから、ある意味では自己を欠如していて、この欠如を自分のものにしなければならず、可能態として現実存在しなければならないという事実に依拠している。クレティアン・ド・トロワ◆の物語に登場するペルスヴァルのように、人間は自分に欠如しているもののために、自分が犯さなかった罪のために、罪ある存在なのである。

　倫理においては悔悛のための場所がないのは、このためである。唯一の倫理的経験（それはそのようなものであるかぎりで義務でもなければ主観的な決断でもない）が、（自らの）可能態であること、（自らの）可能性として現実存在することであるのは、このためである。すなわち、倫理的経験とは、あらゆる形あるもののうちにあって自分自身は形なき存在であることを露呈させること、あらゆる現実化されたもののうちにあって自分自身は現実化することがないことを露呈させることなのだ。

これにたいして、唯一の悪は現実存在の負債のうちにとどまりつづけようと決意すること、存在しないでいる能力を現実存在の外にある実体ないし根拠として自分のものにしようと決断することである。あるいは（そしてこれが道徳の運命なのだが）人間の現実存在の最も本来的な様態である可能態そのものをなんとしても抑えこむ必要のある罪であるかのように見なすことである。

◆──アガンベンは「倫理〔etica〕」と「道徳〔morale〕」を区別して用いている。4「生起」も参照されたい。

◆◆──クレティアン・ド・トロワ（Chrétien de Troyes）は十二世紀フランスの物語作家。「ペルスヴァル」は彼が多くの作品において主題的に取りあげたアーサー王伝説の一環をなす『ペルスヴァル、あるいは聖杯物語』の主人公。

12

ディム・ストッキング

Collants Dim

一九七〇年代の初め、パリの映画館で見ることのできた広告スポットに、さる有名なストッキングのブランド〔「ディム」〕を宣伝するスポットがあった。それは一群の若い女性がいっしょになって踊っているところを映し出していた。その映像のほんの一部だけでも観たことのある人なら、たとえ注意して観ていなかったとしても、微笑みながら踊っている娘たちの肉体から発せられる同期と不協和、混淆と独自性、意思疎通と離間の特別な印象のことを忘れるのはむずかしいだろう。この印象はあるひとつのトリックによるものであった。娘たちは一人一人が別個に映写されていた。そして、別個に映写されたあとで個々のフィルムの断片が単一のサウンド・トラックの盤上に合成されていたのである。しかし、そのたやすく仕掛けがわかってしまうトリック、どれもこれも同一の安価な商品〔ストッキング〕をまとった長い脚の運動の計算された不均斉さ、もろもろの所作のあいだに生じているごくわずかなずれから、はっきりと人間の肉体に関連した幸福の約束が観客の上に漂ってくるのだった。

　資本主義的商品化の過程が人間の容姿をも襲いはじめた一九二〇年代、その現象にたしかに好意的ではなかった観察者たちも、それのうちに積極的な面があることに注意を向けないわけにはいかなかった。それはまるで彼らが資本主義的生産様式の限界を乗りこえて進行していたあるひとつの予言の朽ちたテクストに出会って、解読を迫られているかのようであった。こうして「ティラー・ガールズ」にかんするクラカウアーの観察◆とアウラの消滅にかんするベンヤミンの省察◆が生まれることとなったのである。

　人間の肉体の商品化は、人間の肉体を大衆化と交換価値の鉄の法則にむりやり屈従させることになった一方で、同時に人間の肉体に何千年ものあいだ刻みこまれてきた言表不可能性のスティグマから解放することになったようでもあった。生物学的運命と個人的伝記という二重の鎖から解き放たれることで、人間の肉体は悲劇における肉体の声にならない叫びからも喜劇における肉体のパントマイムからも訣別する。そして初めて完全に意思伝達可能な存在、全面的に光に照らし出された存在として立ち現われる。こうして、「ティラー・ガールズ」の踊りのなかで、広告のイメージのなかで、ファッション・モデルたちの縦列行進のなかで、十九世紀の初めに石版印刷術と写真術の発明が春画の安価な普及を促進するようになったとき、すでに産業的な規模で開始されていた人間の肉体の神学的根拠からの長年にわたる解放の過程は完結を見ることとなる。いまや人間の肉体は、類的なものでもなければ個的なものでもなく、神を象ったものでもなければ動物の容姿をしたものでもなく、ほんとうになんであれかまわないものに転化するのだった。

　ここにおいて商品は（マルクスがちらりと見てとっていたように）神学上のアンチノミーと秘やかな連帯関係にあることを顕わにすることとなる。なぜなら、人間の形姿を神のうちに根ざさせていた『創世記』〔1・26〕の《〔神を〕象り、〔神に〕似せて》は、しかしながらこのようにして人間の形姿をあるひとつの目に見えない元型に縛りつけてもいたからであり、このことによって絶対的に非物質的な類似性という背理めいた概念を設定していたからだった。これにたいして、商品化は人間の肉体をその神学的モデルから自由にさせながらも、しかしまたその類似性はなおもそのまま保存している。なんであれかまわないものは元型のない類似性、つまりは〈イデア〉なのだ。もしテクニック化された肉体の完全に代替可能な美は、ヘレネーを前にしてスカイア門のところにいたトロイアの年老いた指導者たちをまごつかせた唯一無二の美の出現とはもはやなんの関係もないとするなら、それでもなお両者のあいだにはなにか類似したものがうかがえる（《おそろしいほど、その顔立ちが女神らに似かよっている》〔ホメロス『イリアス』3・158〕）のは、このためである。人間の肉体はもはや神にも動物にも似ていなくて、他の人間の肉体に似ている。そしてこれはまた、現代の芸術作品からの人間の形姿の離脱と肖像画の没落の根拠ともなる。唯一無二のものを把捉するのが肖像画の任務であったわけだが、なんであれかまわないものを捕まえるためには写真機のレンズを必要とするのである。

　ある意味では、解放の過程は芸術作品の発明と同様に古いものであった。なぜなら、手が初めて人間の形姿を描いたり彫ったりした瞬間から、すでにそこには、たんに恋人の肉体を形象《イメージ》化するだけでなく、その形象《イメージ》に別の肉体をあたえ、幸福への人間の無条件の要求を妨害している有機体特有の障壁を打ち壊そうとするピュグマリオンの夢が登場してそれを導いていたからである。

今日、商品形態が社会生活のあらゆる面を支配するにいたった時代にあって、薄暗い映画館のなかでディム・ストッキングを履いた踊り子たちからわたしたちの許にやってきていた、感情の高ぶりを極力抑えた、思慮分別を忘れさせる幸福の約束のうち、いったい何が残っているのだろうか。今日ほど、人間の肉体——とりわけ女性の肉体——が宣伝と商品生産のテクニックによって大規模に操作され、いわば頭のてっぺんから足の爪先まで形象《イメージ》化されてしまったことはかつてなかった。男女のあいだには不透過な性差が存在するという通念は性差を超えた肉体の登場によって反証されてしまっている。かつて個人のピュシス〔自然〕には他人には容易になじめず理解しがたいものがあったが、これもそれがスペクタクルとしてメディア化された結果撤廃されてしまった。有機的身体の可死性も商品の器官なき身体とごったまぜになるなかで疑いに付されている。性愛の秘密もポルノグラフィからの反駁を受けている。それでもなお、テクニック化の過程は、肉体を物質的に覆い尽くすことはせずに、それとは実際上なんの接触点ももたないで独立したひとつの領域を建設することへと差し向けられていた。テクニック化されたのは、肉体ではなくて、その形象《イメージ》だったのだ。こうして宣伝広告のきらびやかな肉体は仮面に転化するのであり、その仮面の裏側では人間の脆くて繊細な肉体がその不安定な生存を続けているのである。そして「ティラー・ガールズ」の幾何学的光輝はナチス・ドイツの強制収容所で死に追いやられた名もなき裸の人間たちの長い隊列、あるいは自動車道路上で日常的に起きている悲惨な事故でめちゃくちゃになった何千という死体を包み隠しているのである。

資本主義がスペクタクルに限局してしまおうとしている人間本性のもろもろの歴史的変容を自分のものにすること、形象《イメージ》と肉体を両者がもはや別々になったままではいられなくなるような空間のなかで相互に浸透させ、その空間のなかで、類似性をピュシス〈自然〉とする、例のなんであれかまわない肉体を鍛造すること——これこそは人類が没落しつつある商品からもぎ取るすべを学ばなければならない善である。泣き女のように商品の墓場に付き添っている宣伝広告とポルノグラフィは、人類のこの新しい肉体の、それとは気づいていない産婆なのだ。

◆——ジークフリート・クラカウアー（Siegfried Kracauer, 1889-1966）はドイツのジャーナリスト、社会学者。ヴァイマル共和国時代のドイツで、約十年間『フランクフルター・ツァイトゥング』紙の学芸欄編集員として活躍。大衆文化、とくに映画を分析することで、当時のドイツの社会心理やイデオロギーを読み解こうとした。「ティラー・ガールズ（Tiller Girls）」は一八九〇年にイギリスのマンチェスターでジョン・ティラー（John Tiller, 1854-1925）によって結成された舞踏団。この舞踏団の意義についてクラカウアーは *Ornament der Masse*（『大衆の装飾』一九二七年）で分析している。

◆◆——ヴァルター・ベンヤミン（Walter Benjamin, 1892-1940）はドイツの批評家。芸術作品におけるアウラの消滅については“Das Kunstwerk im Zeitalter seiner technischen Reproduzierbarkeit”（「複製技術時代の芸術作品」第二稿、一九三五－一九三六年ごろ成立）を参照。

◆◆◆——ピュグマリオンは、ギリシア神話に登場するキプロス島の王。現実の女性に失望していたピュグマリオンは、あるとき理想の女性・ガラテアを彫刻するが、その像を見ているうちにガラテアが服を着ていないことを恥ずかしいと思いはじめ、服を彫り入れる。そして自ら彫刻した女性・ガラテアに恋をするようになったと言われる。

13

光背

Aureole

ベンヤミンがある夕べブロッホに語り、そのブロッホが『痕跡』に書きとめているメシアの王国にかんする寓話（ベンヤミンはこの寓話をショーレムから聞いたという）のことはよく知られている。◆《あるラビ、ひとりの本当のカバラー学者が、あるとき言った。平和の王国を樹立するためには、いっさいを破壊し、まったく新しい世界を開始する必要はない。この茶碗かあの若木、あるいはあの石、そしてすべての物をほんの少し脇へずらすだけで十分だ。だが、実行しようとなるとこのほんの少しがじつにむずかしい。またその尺度を見つけ出すのもとてもむずかしく、世界に関係のあることがらについては、人間たちは何もなしえないのであって、メシアが到来する必要があるのだ》。この寓話のベンヤミン版はつぎのように続く。《ハシディズム〔十八世紀にウクライナとポーランドで起こったユダヤ神秘主義運動〕の信奉者たちのあいだで語られている到来する世界についてのある話によると、そこではいっさいがここにあるとおりの姿で整えられているだろうとのことである。わたしたちの部屋が現在あるとおりの姿をして、それは到来する世界でも存在しているだろう。わたしたちの子どもが現在眠っている場所に、その子どもは到来する世界でも眠っているだろう。またわたしたちがこの世界で身にまとっているものを到来する世界でもわたしたちはまとうことになるだろう。いっさいはいまここにあるとおりだろう。そしてほんの少し相違しているにすぎないだろう》。

〈絶対者〉がこの世界と同一であるというテーゼはなんら新奇なものではない。最も極端な形態では、それはインドの論理学者たちによって《ニルヴァーナ〔涅槃〕と現世とのあいだにはごくわずかな違いも存在しない》という公理において表明されていた。新しいのは、その話がメシア世界のなかに導き入れているちっぽけな位置移動である。しかしまた、まさにこのちっぽけな位置移動、この《いっさいはいまここにあるとおりだろう》こそは、説明するのがむずかしいのだ。なぜなら、たしかにそれはたんにわたしたちの周りで現実に起きる事情にかかわることがらではないからである。福者の鼻はほんの少しだけ短くなるだろうとか、食卓の上の瓶がきっかり二分の一センチ移動するだろうとか、外にいる犬が吠えるのをやめるだろうとかいった具合にである。ちっぽけな位置移動が関係しているのは事物の状態ではなくて、その状態の意味および限界である。その位置移動が生じるのはもろもろの事物の内部においてではなく、それらの周辺、それぞれの事物とそれ自身とのあいだの余裕空間においてである。このことは、もし完成が現実的な変化を含意しているのでないとしたなら、しかしまたそれはたんにもろもろの事物の永遠状態、治癒不可能なその寓話は、そこではいっさいが完全である可能性、いっさいが永遠に完結してしまって《そんなふうに存在している》でもありえない、ということを意味している。逆に、そいる《別なふうに》を導き入れている。そしてまさにこのことがその解消不可能なアポリアをなしているのである。だが、いっさいが最終的に完結してしまったのちに、一体全体、どのようにして《別なふうに》は思考しうるのだろうか。

この意味で示唆的なのは、トマス・アクィナスが光背〔aureolae〕にかんする短い論考〔『神学大全』「補遺」第96問〕のなかで展開している学説である。彼は論じている。選ばれた者たちの授かる至福は、人間本性が完全に作動するために必要な善をすべて自らのうちに包含している。それゆえ、本質的なものは何ひとつそれらに付加されえない。しかしまた、なおそのうえに付与され（superaddi）うるものがある。《本質的な報賞に付加される偶有的な報賞》がそれであって、これは至福にとって必要不可欠なものでもなければ、至福を実質上変化させるものでもなく、たんにいっそう光輝ある（clarior）ものにするにすぎない。

光背は完成に付け加えられるこの付加物である。なにか完成されたものの身震い、その極限の虹彩のようなものなのだ。

どうやらここでトマスは、完成状態〔status perfectionis〕のなかに偶有的な要素を導き入れることの大胆さに気づいていないようである。そして、この事実だけでも、なぜ光背にかんする問いがラテン教父学のなかで実際上注釈されないままになってきたのかを説明するのに十分だろう。光背はなにかあるもの〔quid〕、至福に付け加えられる特性ないし本質ではない。それはあくまでも非本質的な付加物にすぎない。しかし、まさにそうであるからこそ、トマスは何年か後にドゥンス・スコトゥスが個体化の問題にかんしてトマスに対置することとなる理論を図らずも先取りする結果となっているのである。福者のうちでも一人の福者には他の福者たちの光背よりも光り輝く光背が授けられるのだろうかという問いにたいして、トマスは（完成をみてしまったものは増加することも減少することもないという教説に逆らって）至福が完成に到来するのは個々人にではなく種としてであると答えている。《それは火が種として物体のうちで最も薄いのと同じである。それゆえ、ある火が別の火よりも薄いことがありうるように、ある光背が別の光背よりも光り輝いているということをさまたげるものは何もない》。

すなわち、光背というのは至福が個体化されること、完全なものが個的なものに転化することなのだ。ドゥンス・スコトゥスの場合と同様、この個体化はある新しい本質が付け加わるとか本性が変化するといったようなことを含意しているのではなく、むしろ、それが個としての究極状態にあることを含意している。しかしまた、ドゥンス・スコトゥスの場合とは異なって、個はここでは存在の究極的な限定態ではなく、それが極限では房飾りがほつれてしまった状態、あるいは無限定なものになってしまった状態でしかない。つまりは逆説的にも無限定化をつうじての個体化なのだ。

この意味で光背は可能性と現実性、可能態と現実態が区別のつかないものに転化する地帯と考えることができる。終点にまで到達してしまった存在、そのあらゆる可能性を使いきってしまった存在は、こうしてひとつの付加的な可能性を贈与として受けとる。

それは、十四世紀のある哲学者が、そこでは特殊的な形態ないし本性が保存されず、新しく誕生するものと混ざり合ってそれのなかに跡形もなく溶解してしまうという意味で、actus confusionis すなわち「混濁した現実態」と呼んでいる potentia permixta actui〔現実態の混ざり合った可能態〕（あるいは actus permixtus potentiae〔可能態の混ざり合った現実態〕）である。有限なものの境界を無限定なものと化して、それが混濁し、なんであれかまわないものになるのを可能にする、このそれとは気づかない有限なものの震えこそは、あらゆる事物がメシアの世界で遂行せざるをえなくなるちっぽけな位置移動にほかならない。その至福は現実化がなされてしまったあとになってはじめてやってくるあるひとつの可能態のもたらす至福であり、形相の下にとどまってはいず、形相を囲繞し光背で包みこむあるひとつの質料のもたらす至福である。

◆——エルンスト・ブロッホ（Ernst Bloch, 1885-1977）は *Geist der Utopie*（『ユートピアの精神』一九一八年）や *Das Prinzip Hoffnung*（『希望の原理』一九五四-五九年）などの著作で知られるドイツの哲学者。『痕跡（*Spuren*）』は一九三〇年に公刊された一種の自伝的エッセイないし哲学的寓話集。ゲルショム・ショーレム（Gerhard Gershom Scholem, 1897-1982）はベルリンのユダヤ系の家庭に生まれ、一九二四年シオニストとしてエルサレムに移住したユダヤ神秘主義研究の創始者。ベルリン時代からベンヤミンの親友であった。

◆◆——Ernst Bloch, *Spuren*, Neue erweiterte Ausgabe, Suhrkamp, 1959, p. 260.〔エルンスト・ブロッホ『未知への痕跡』菅谷規矩雄訳、イザラ書房、一九六九年、二六五頁〕

◆◆◆——Walter Benjamin, "In der Sonne (1932)", in *Gesammelte Schriften IV-1*, Suhrkamp, 1972, p. 419.〔「日を浴びて」藤川芳朗訳、『ヴァルター・ベンヤミン著作集11　都市の肖像』所収、晶文社、一九七五年、一五一－一五二頁〕

14 偽名

Pseudonimo

あらゆる嘆きは言語活動についての嘆きであり、あらゆる称賛はなによりも名前の称賛である。それらは人間の言語が支配し妥当する範囲、言語が事物を指示する仕方を定義する両極である。自然が言語の指示するものによって裏切られたと感じるところでは、嘆きが始まる。名前が事物を完全に表現しているときには、言語活動は称賛の歌を歌いあげて名前を神聖化するにいたる。これにたいして、ヴァルザーの言語はそのいずれをも無視しているように見える。存在神学的なパトスは（言表しえないものという形態においても、——これと等価であるが——絶対に言表可能なものという形態においても）、最後の最後までそれが書き記すものとは無縁なままにとどまっており、《貞潔な不明瞭さ》と判で捺したようなマニエリズムとのあいだでつねに危うい均衡を保っている。（ここでもまた、スカルダネッリ〔ヘルダーリンのペンネーム〕の儀式ばった言語は、ヴァルザーがベルンやヴァルダウで書いた散文の小品を一世紀先駆けて予告した先駆者の位置を占めている）。

もし西洋において言語活動が、神の名前を存在させ、この名前のなかで自らの事物指示能力を根拠づけるためのひとつの機械としてたえず使われてきたとするなら、ヴァルザーの言語は言語活動の神学的な任務が達成されたのちも生きつづけてきたのだった。被造物のあいだでの自らの運命を消尽してしまった自然に、あらゆる命名機能を放棄してしまった言語活動が対峙している。彼の散文の意味論上の身分は偽名ないし綽名の身分と合致する。それはまるであらゆる言葉の前には目に見えない《いわゆる》、《偽称》、《自称》が付いており、あるいはそれの後に（異名の登場が古代ローマの三語命名システムから中世の一語命名システムへの移行を印しづけている時代におこなわれたかずかずの署名に見られるように）、"qui et vocatur…〔〜と称される者〕"が付いているかのようである。どの語も、どの語も、自らの命名能力に異議を唱えているかのようなのだ。ヴァルザーが自分の散文作品をなぞらえている小さな踊り子たちに似て、言葉は《死ぬほど疲れ果てて》厳密さの要求をいっさい放棄してしまう。もし言語のこのような疲弊状態に対応する文法形式があるとするなら、ラテン語の動詞状名詞がそれである。すなわち、言葉が格の面でも法の面でもその《語形変化》を徹底的に成し遂げてしまい、いまはすっかり丸裸にされ中性的なものとなって《仰向けに横たわっている》状態である。

言語活動にたいするプチ・ブルジョワ的な不信は、ここでは指示対象にたいする言語活動の恥じらいに転化している。指示対象はもはや言語が指示するものによって裏切られた自然でもなければ、それが名前へと変形されたものでもない。そうではなくて、それは——発語されないまま——偽名のなかに、あるいは名と異名のあいだのくつろぎの空間のなかに保持されている。リーヒナー◆に宛てた手紙のなかで、ヴァルザーはこの《何ものかを絶対に口にしないでいる魅力》について語っている。似像《フィグーラ》——すなわち、聖パウロの手紙〔「ローマ人への手紙」1・18・23、「コリント人への手紙　一」5・36・49ほか〕のなかで死なない自然を前にして死にゆくものを表現するのに使われている語——が、ヴァルザーの手紙がこの〔名と異名のあいだの〕開けた空間のなかで生じる生にあたえている名前である。

◆——マックス・リーヒナー（Max Rychner, 1897-1965）はスイスの作家、ジャーナリスト、文芸批評家。

15

階級のない社会

Senza classi

もし人類の運命をいまいちど階級というかたちで考えてみるべきであるとしたなら、そのときには今日、もはや社会階級は存在せず、ただひとつ惑星的なプチ・ブルジョワジー〔una piccola borghesia planetaria〕が存在するだけであって、そのなかに旧来の諸階級は解消してしまっていると言うべきだろう。プチ・ブルジョワジーが世界を継承してきたのであり、それは人類がニヒリズムをかいくぐって生きつづけてきたさいにとった形態なのであった。

だが、このことはまさしくファシズムとナチズムもまたつかみ取っていたことであった。それどころか、旧来の社会的主体が取り戻しようもなく没落してしまったことを明確に見てとっていたことこそ、それらが乗りこえようもなく近代性を刻印されていることを証し立てている。(厳密に政治的な観点から見た場合には、ファシズムとナチズムは乗りこえられてはおらず、わたしたちはなおもそれらの印のもとで生きているのだ)。しかしまた、それらが代表していたのはなおもまがいものの人民的アイデンティティにしがみついた一国的なプチ・ブルジョワジーであって、その人民的アイデンティティに依拠したところでブルジョワ的偉大さの夢が作動していたのだった。これにたいして、惑星的なプチ・ブルジョワジーはこれらの夢からはすでに解き放たれており、それと認知しうるどんな社会的アイデンティティをも放棄しようとするプロレタリアートの傾向を自分のものにしてしまっている。存在するものいっさいをプチ・ブルジョワは仕草そのもののなかで無化し、頑固としてその無化された状態に執着しようとしているように見える。彼は非本来的なものと真正でないものしか認めない。そして本来的な言葉という観念までをも拒否している。この地上でつぎつぎに入れ替わり立ち替わり登場してくるさまざまな民族と世代の真実と虚偽を構成してきた母語、方言、生活様式、性格、慣習の相違、そしてなによりも各人の身体的個別性そのもの、これらのすべてが彼にとってはいっさいの指示内容を失い、いっさいの表現と伝達の能力を失ってしまっている。プチ・ブルジョワジーのなかでは、世界史の悲喜劇を特徴づけてきたもろもろの相違が露呈され、合体して、さながら走馬燈のように変幻自在で内容のない一篇の幻覚と化してしまっている。

だが、プチ・ブルジョワジーがニヒリズムの庭土から受け継いできた個人的生活のばかばかしさといったら、同時に、あらゆるパトスを失ってしまって、屋外に連れ出されると、ごくありふれた展示会に変容してしまうほどのばかばかしさであった。宣伝されている産物のあらゆる痕跡がすっかり消し去られてしまった宣伝フィルムほど、この新しい人類の生に似つかわしいものはない。しかしまた、プチ・ブルジョワの抱えこんでいる矛盾は、彼がこのフィルムのうちにもなおそれがだまし取ってしまった産物を探し求めており、実際には絶対に非本来的で無意味なものに転化してしまっているアイデンティティをなにがなんでも自分のものにしようとして譲らないでいることである。こうして羞恥と傲慢、大勢に順応しようとする姿勢と周縁にとどまりつづけようとする姿勢が両極をなして、彼の情動生活のありとあらゆる色調を構成している。

じつをいうと、プチ・ブルジョワの生活のばかばかしさはあらゆる宣伝広告活動がそこにおいて難破せざるをえない究極のばかばかしさと衝突する。死がそれである。死に直面して、プチ・ブルジョワは究極の収奪、個の究極の挫折に遭遇する。剝き出しになった生、純粋の伝達不可能なものがそれであって、そこにおいて彼の羞恥は最終的に心の安らぎを見いだす。このようにして、彼はそれでもやはり諦めて告白せざるをえない秘密、すなわち、剝き出しの生もまた、じつをいうと彼にとっては非本来的で純粋に外部的なものでしかなく、彼にはこの地上にはなんらの避難場所も存在しないということを、死によって覆い隠そうとするのである。

このことは、惑星的プチ・ブルジョワジーとはたぶん人類が自らの破壊に向かって歩んでいくさいにとる形態であろうということを意味している。だが、このことはまた、それは人類史上未曾有の機会を表象しているということ、この機会はなんとしても見過ごすわけにはいかないということも意味している。なぜなら、もし人間たちがなおも自らの本来的なアイデンティティなるものをすでに非本来的でばかげたものになってしまった個性のかたちで探し求めるのではなく、この非本来性をあるがままに受けいれるとしよう。そのような自らのあるがままのありようを自己同一性とか個人の特性とかにするのではなく、自己同一性なき単独性、だれにも共通で絶対的に万人の目に曝された単独性にすることに成功するとしよう。すなわち、もし人間たちがあれやこれやの個々人の伝記的な自己同一性のうちにあってそんなふうに存在しているのではなく、無条件にそんなふうに存在しているにすぎず、それぞれが独自の外面性と顔つきをもっているにすぎないというようなことがありうるとしよう。そのときには、人類は初めてもろもろの前提や主体をもたない共同体、もはや伝達不可能なものを知らないコミュニケーションへと入りこんでいくだろうからである。

新しい惑星的な人類のなかでその生存を可能にするそれらの性格を選り分けること、メディアをつうじてなされる悪しき宣伝広告活動をただひとり外部性のみ伝達する完全な外部性から切り離している、薄い隔壁を除去すること——これがわたしたちの世代に託された政治的任務である。

16 外 Fuori

なんであれかまわないものは純粋の個物がとる形象である。なんであれかまわない個物は自己同一性をもたず、ある概念との関連で限定をほどこされることもないが、しかしまたたんに無限定なものでもない。むしろ、それはあるイデア、すなわち、その可能性の総体との関連をつうじてのみ、限定をほどこされる。この〔イデアとの〕関連をつうじて、個物は――カントが言うように――可能なものすべてと隣接することとなるのであり、こうして、そのomnimoda determinatio〔あらゆる様態における限定〕をある特定の概念やなにがしかの現実的特性（赤いとか、イタリア人であるとか、共産主義者であるとかいった）に参与することからではなく、もっぱらこのように〔可能なものすべてと〕

隣接しているということをつうじて受けとるのである。それはあるひとつの全体に所属するが、この所属はなんらかの実在的な条件によって表象されることはありえない。所属、そのようなものとして存在しているということは、ここではあるひとつの空虚で無限定な総体に関連しているということでしかないのだ。

カント的な用語で言うなら、このことが意味しているのは、このように〔可能なものすべてと〕隣接しているということにおいて問題になっているのは外部というものを知らない限界（Schranke〔制限〕）ではなくて、あるひとつの敷居＝閾（Grenze〔境界〕）、すなわち、空虚なものにとどまらざるをえない外部空間との接触点であるということである。

なんであれかまわないものが個物に付加するのは、たんにひとつの空虚、たんにひとつの閾であるにすぎない。なんであれかまわないものというのは単独性に空虚な空間が加えられたもの、有限でありながら、ある概念によっては限定されえないものである。しかし、単独性に空虚な空間が加えられたものというのは純粋の外在性、純粋の露呈状態以外のなにものでもない。なんであれかまわないものというのは、この意味においては、外部でのできごとである。だからこそ、原超越論的なquodlibet〔なんであれ〕という形容詞において思考されているのは、思考することの最もむずかしいものなのだ。それは、純粋の外在性という、絶対的に非事物的〔non-cosale〕な経験なのである。

ここで重要なのは、《外〔fuori〕》という概念が、ヨーロッパの多くの言語において、《戸口で》を意味する語によって表現されているということである（ラテン語の「フォレス〔fores〕」は「家の戸口」、ギリシア語の「テュラテン〔thyrathen〕」は文字どおり《敷居で》を意味する）。外はある特定の空間の向こう側にある別の空間ではない。そうではなくて、通路であり、その別の空間に出入りするための門扉である。一言でいうなら、その空間の顔、その空間のエイドス〔eidos〕なのだ。

この意味では敷居＝閾は限界と別のものではない。それは、こう言ってよければ、限界そのものの経験、外の内にあるということである。このようなエク－スタシス〔ek-stasis：脱我の状態に入りこむこと〕こそ、個々の単独者が人類の空っぽの手から受けとる贈り物にほかならない。

同名異義語

Omonimi

一九〇二年六月、三十歳のイギリス人論理学者がゴットロープ・フレーゲに宛てて短い手紙を書いた。手紙のなかでその論理学者が主張しているところによると、自分はフレーゲの『算術の基本法則』の公準のひとつのうちに、カントルがその集合論によって数学者たちのために創造した《パラダイス》の基礎そのものを問いに付すおそれのあるひとつのアンチノミーを発見した、というのだった。◆

いつもながらの鋭敏さをもって、しかしまた動揺も隠さずに、フレーゲは若きラッセルの手紙のなかで何が問題視されていたのかをただちに理解した。問題視されていたのはほかでもない、あるひとつの概念からその外延へ移行する可能性、すなわち、クラスというかたちで推論を進める可能性そのものだったのだ。もっと後年になってラッセルは説明している。《いくつかの対象がすべてある特定の特性をもつとわたしたちが言うとき、わたしたちは、この特性があるひとつの限定された対象であり、それはそれが属するもろもろの対象から区別することができると想定している。さらには、問題の特性をもつもろもろの対象はひとつのクラスを形成しており、このクラスはなんらかの仕方でその諸要素のそれぞれとは区別されたひとつの新しい実体であると想定している》。まさにこの暗黙の自明の前提こそが《自分自身に属さないすべてのクラスのクラス》のパラドクスによって疑問に付されたのである〔ラッセル「論理のパラドクス」〕。このパラドクスは今日、パーティの場での余興と化してしまっている。しかし、それは元はといえば明らかにフレーゲの知的生産活動を永続的に危機に陥れるほど、そして長年にわたってその発見者をしてそこから生じる諸帰結を制限するためのあらゆる手立てを講じるよう強いるほど、真剣なものだったのである。ヒルベルトが執拗に〔カントルによって創案された集合論のパラダイスにとどまるようにと〕勧告したにもかかわらず、論理学者たちは彼らのパラダイスから最終的に追放されてしまったのだった。

じっさいにも、フレーゲが直観していたように、そして今日わたしたちがおそらくもっと明確に見てとりはじめているように、◆集合論のパラドクスの根底には、カントが一七七二年二月二十一日付のマルクス・ヘルツ宛て書簡のなかで《わたしたちが表象と名づけているものが対象にかかわるのはどのような根拠にもとづいてであろうか》という問いのかたちで定式化していたのと同じ問題が存在していた。《赤い》という概念はもろもろの赤い対象を指示している、と言うことは何を意味するのだろうか。あらゆる概念はその外延を構成するひとつのクラスを規定するというのは本当だろうか。ある概念についてその外延から独立に語ることは可能だろうか。というのも、ラッセルのパラドクスが明るみに出したのはクラスを規定することのない（あるいはアンチノミーを生み出すことなしにはクラスを規定することのできない）特性ないし概念の存在であったからである（これらの特性ないし概念をラッセルは「非述語的〔non-predicative〕」な特性ないし概念と呼んでいる）。ラッセルはこれらの特性（ならびにそこから出てくる擬似クラス）をその定義のなかに《すべての》、《あらゆる》、《なんであれ》という語によって構成される《見かけの変項〔apparent variables：束縛された変項〕》が出現するような特性と結びつけている。これらの表現から生じるクラスは《正当性のない全体性》であって、それらはそれらが定義する全体性の一部をなすと主張する（それはなにか自らの外延の一部であることを要請している概念のようなものなのだ）〔ラッセル「タイプ理論にもとづく数学的論理」〕。それらのクラスにたいして、論理学者たちは（自分たちの勧告がまさしくそれらの変項を含んでいるという事実には無頓着なまま）つぎつぎに禁令を設けて、境界標識をうち立てる。《あるクラスのすべてのメンバーを内包しているいかなるものも、それ自身はそれらのメンバーのひとつであってはならない》とか、《どんな仕方においてであれ全体にかかわるものはすべてクラスのメンバーであってはならない》とか、《もしなんらかの表現が見かけの変項を含んでいるならば、それはその変項の可能値のひとつであってはならない》等々。

論理学者たちにとって不幸なことにも、非述語的な表現の数は人が考えているよりもはるかに多い。それどころか、あらゆる名辞は定義からしてその外延の全体およびなんらかのメンバーに言及しており、さらには自分自身にすら言及したものでもありうるのだから、そのパラドクスが定式化しているところにしたがうなら、すべての（あるいはほとんどの）名辞は自分自身に所属すると同時に所属しないクラスとして提示されうるのである。

このような事情にたいしては、どんな場合にもわたしたちは《靴》という名辞を靴と受けとり間違えるようなことはないと異議を申し立ててみても、なんの効力もない。ここでは、自己言及性といった生半可なとらえ方をしていたのでは、問題の核心を捕らえそこねてしまう。ここで問題になっているのは、音声ないし文字の形態における《靴》という名辞（中世の論理学者たちの言う suppositio materialis〔質料による代表・代示〕）ではなくて、まさしく靴を指示しているかぎりでの《靴》という名辞（あるいは、対象の側から見れば、《靴》という名辞によって指示されているかぎりでの靴）なのだ。靴を《靴》という名辞から完全に分離してしまうことはわたしたちには難なくできるが、靴をそれが《靴》と言われていることから、それが言語活動のうちにあることから区別するのははるかにむずかしい。「〜と言われていること」、言語活動のうちにあることこそは、卓越した意味においての非述語的な特性であって、それはあるクラスのどのメンバーにも属する特性であると同時にその所属をアポリア的なものにしてもいるのである。これはフレーゲがかつて〔一八九二年の論文「概念と対象について」のなかで〕❖《「ウマ」という概念は概念ではない》と書いたときに表明していた（そしてミルネールが近著のなかで「言語的な名辞は固有名をもたない」というかたちで表明した）パラドクスの内容でもある。すなわち、もしわたしたちが概念をそのものとしてつかみ取ろうとするなら、その概念は不可避的に対象に転化してしまい、わたしたちが支払う代価はもはやそれをそれが概念している事物から区別することはできなくなってしまうということなのである。

志向性はなんらかの intentum〔志向されるもの・志向対象〕に転化することなくしては志向しえないというこの志向性のアポリアは、中世の論理学では《認識存在》のパラドクスとして馴染みのものであった。マイスター・エックハルトが定式化しているところによると、《もし事物が見られたり知られたりするさいの媒体となる形象（species）が事物そのものと別のものであったとしたなら、わたしたちはその形象をつうじてもその形象のうちにあってもけっして事物を認識することはできないだろう。しかし、もし形象が事物からまったく区別されないとしたなら、そのときには形象は認識にとってなんの役にも立たなくなってしまうだろう。……もし魂のうちにある形象が対象としての性質を有しているとしたなら、そのときにはわたしたちはそれがそれの形象であるところの事物をその形象をつうじて認識することはなくなってしまうだろう。なぜなら、もしそれ自身がひとつの対象であるとしたなら、それはわたしたちを自己認識へと導いていき、事物の認識から引き剝がしてしまうだろうからである》。（すなわち、ここでわたしたちに関心のあるかたちで言い換えるなら、もし事物が表現されるさいの媒体となる言葉が事物そのものとは別のものであったり、事物とまったく同一のものであったなら、そのときには言葉は事物を表現することができなくなってしまうだろう、というのである)。タイプの階層(ラッセルが提案して若きウィトゲンシュタインをあんなにも苛立たせたような)ではなく、イデアの理論のみが、思考を言語的存在のアポリアから抜け出させる(あるいはより正しくはアポリアをエウポリア〔打開の途〕に変容させる)ことができる。アリストテレスがプラトン的なイデアと数多的なファイノメノン〔感覚的事物〕との関係の特徴を示すのに用いている一節は、このことをこのうえなく明確に表現している。この一節は近代になって編まれた『形而上学』のさまざまな校訂版ではその本来の意味を奪われてしまっている。しかし、最も権威ある手稿にしたがって復元してみると、そこにはつぎのようにある。《数多くあるシュノーヌモン〔シノニム・同義語〕は、イデアに与ることによって、イデアにたいしてホモーヌミア〔同名異義〕の関係に立つ》(『形而上学』987b10)。

アリストテレスによると、シュノーヌモンとは同じ名前と同じ定義をもつ存在者のことである。言い換えるなら、あるひとつの一貫性を有するクラスのメンバーであるかぎりでのファイノメノン、すなわち、あるひとつの共通の概念に参与することをつうじてあるひとつの集合に所属するかぎりでのファイノメノンのことである。しかしまた、互いに同義の関係にあるこれらのファイノメノンたち自身、イデアとの関連で考察した場合には、ホモーヌモン〔同名異義語〕に転化する（アリストテレスによると、ホモーヌモンとは同じ名前をもちながら定義は異なる対象のことをいう）。たとえば、個々の馬は「馬」という概念とは同義的関係にあるが、馬のイデアとは同名異義的関係にある。これはまさしく、ラッセルのパラドクスにおいて、同一の対象があるひとつのクラスに所属すると同時に所属しないのと同様である。

だが、多数の同義語のホモーヌミア〔同名異義関係〕を構成するイデア、あらゆるクラスのうちに内属しつづけつつ、そのメンバーをそれぞれの述語的所属から撤退させて、たんなる同名異義語にしてしまい、それぞれが純粋に言語活動のうちに住まっている状態を明るみに出してみせるイデアとは、一体全体、何ものなのか。それとの関連で見た場合には同義語が同名異義語であるようなものとは、対象でもなければ概念でもなく、それが名前をもつということそのもの、それが所属しているということそのもの、あるいはそれが言語活動のうちに存在しているということそのものである。このことは名指すことも表示することもできない。ただアナフォラ〔代応〕の運動をつうじて把握できるにすぎない。ここから、イデアは固有名をもたず、もっぱらautò〔自体〕というアナフォラをつうじて表現されるという原理、すなわち、ある事物のイデアは当の事物自体であるという（そのようなものとして主題化されることはまれにしかないにしても決定的な）原理が出てくる。この名前をもたない同名異義的なものこそがイデアにほかならない。

しかし、まさにこの理由からして、イデアは同名異義語をなんであれかまわないものとして構成する。なんであれかまわないものとは概念と（だけ）ではなくイデアと（も）関係しているかぎりでの個物のことなのだ。この関係は新しいクラスを基礎づけるようなことはしない。そうではなくて、あらゆるクラスのうちにあって、個物をその同義関係から、当のクラスへの所属から、名前ないし所属の欠如した状態に向けてではなく、名前そのものに向けて、名前をもたない同名異義的な純粋状態に向けて撤退させる。もろもろの概念からなる網はわたしたちを不断に同義的な関係のなかに投げいれるのにたいして、イデアはいつもこれらの関係の絶対性の主張を粉砕するために介入してきては、その主張が首尾一貫性を欠いていることを明らかにしてみせる。ひいては、なんであれかまわないものはたんに（バディウが言うように）《言語の権力を逃れており、命名できず、識別不可能である》〔『哲学宣言』第11章参照〕ものを意味しているのではない。より正確には、それはつぎのもの、すなわち、単純な同名異義状態、純粋な名指されていることのうちにありつつ、まさしくそうであるからこそ、そしてそうであるかぎりでのみ、名指しえないものを意味している。非言語的なものが言語活動のうちに存在していることを意味しているのである。

　ここで名前をもたないままにとどまっているものは、名指されるもの、名前そのもの（nomen innominabile〔名指すことのできない名前〕）である。唯一、言語活動のうちにあることだけが言語の権威を免れているのだ。わたしたちになおも思考すべく残されたままになっているプラトンのトートロジーに倣って言うなら、ある事物のイデアは当の事物自体である。そして名前は、それがある事物を名指すかぎりで、名前によって名指されるかぎりでの事物以外の何ものでもないのである。

◆――「三十歳のイギリス人論理学者」とはバートランド・ラッセルを指す。ゴットロープ・フレーゲ（Friedrich Ludwig Gottlob Frege, 1848-1925）はドイツの数学者・哲学者。『算術の基本法則（*Grundgesetze der Arithmetik*）』は第一巻が一八九三年に公刊されている。そこで数論を展開するために必要な要請として提示された「素朴集合論」に矛盾の生じることがラッセルによって指摘されたのを受けて、フレーゲは急遽、一九〇三年に公刊された第二巻の付録で解決策を提示している。同書の付録にはラッセルがフレーゲに宛てた一九〇二年六月の書簡も収録されている。カントルの「パラダイス」というのは、カントル集合論の形式的正当化をこころみたドイツの数学者ダーフィト・ヒルベルト（David Hilbert, 1862-1943）が一九〇〇年パリで開催された第二回国際数学者会議でおこなった講演「数学の諸問題」で用いた言葉（3「見本」章末の訳注も参照のこと）。

◆◆――マルクス・ヘルツ（Marcus Herz, 1747-1803）はドイツの医師。

◆◆◆――ジャン＝クロード・ミルネール（Jean-Claude Milner, 1941-）はフランスの言語学者。*Introduction à une science du langage*（『言語学序説』一九八九年）ほかの著作がある。

◆◆◆◆――マイスター・エックハルト（Meister Eckhart, 1260?-1328?）はドイツのスコラ学者にして思弁的神秘主義の代表者。*Deutsche Predigten*（『ドイツ語説教集』）ほかの著作がある。

◆◆◆◆◆――アラン・バディウ（Alain Badiou, 1937-）はモロッコ生まれのフランスの哲学者。*L'Être et l'événement*（『存在と出来事』一九八八年）ほかの著作がある。アガンベンによる引用については、*Manifeste pour la philosophie*, Seuil, 1989, pp. 86, 89（『哲学宣言』黒田昭信・遠藤健太訳、藤原書店、二〇〇四年、一三四頁、一三七頁）を参照されたい。

18　シェキナー　Schechina

一九六七年十一月にギー・ドゥボール◆が『スペクタクルの社会』を公刊したときには、政治および社会生活全体のスペクタクル的幻影への変貌はなおも今日わたしたちにとって完全に馴染みのものになってしまっている極端な形態をとるにはいたっていなかった。それだけになおのこと彼の診断の仮借ない明澄さは注目に値する。

最終形態における資本主義は――こうドゥボールは、当時愚かにもなおざりにされていた商品の物神性にかんするマルクスの分析をさらに徹底させて論じている――もろもろのイメージの莫大な蓄積というかたちで立ち現われる。そしてそこでは、かつては直接に生きられていたもののいっさいが表象へと遠ざけられてしまう。しかしまた、スペクタクルは単純にイメージの領域、あるいはわたしたちが今日メディア、、、と呼んでいるものと合致するわけではない。それは《イメージによって媒介された人格間の社会関係》であり、人間的社会性自体の収奪と疎外にほかならない。あるいは、碑文体の定式で表現するなら、《スペクタクルとはイメージに転化するほどまでの蓄積段階に達した資本にほかならない》。しかし、まさにそれゆえに、スペクタクルは分離の純粋形態以外のものではない。現実の世界がイメージに変貌し、イメージが現実のものに転化するところでは、人間の実践的能力は自分自身から分離して自らに向き合う世界として立ち現われる。商品経済が社会生活全体の上に絶対的で無責任な主権を行使するまでになるのは、国家と経済の諸形態が相互に浸透しあっている、このメディアをつうじて分離され組織された世界の姿のうちにおいてである。生産の総体を変造してしまったスペクタクルは、いまや集合的な知覚を操作し、社会的な記憶とコミュニケーションを独り占めして、それらを単一のスペクタクル商品に変貌させてしまうことができるようになる。そしてそこでは、スペクタクル自体を除いて、いっさいを議論に付すことが可能となるのであって、スペクタクルは、それ自体としては、《出現するものは善いものであり、善いものは出現する》ということ以外の何ものも言ってはいないのである。

今日、スペクタクルの勝利が達成された時代にあって、思考がドゥボールの遺産から成果を収穫するにはどうすればよいのだろうか。というのも、スペクタクルというのは明らかに言語活動であり、人間のコミュニケーション可能性そのもの、あるいは言語的存在そのものだからである。このことが意味しているのは、資本主義が（あるいは、今日世界史を支配している過程にどんな別の名前をあたえようとも、そのものが）めざしてきたのは生産活動の収奪だけでなく、とりわけ、言語活動そのものの疎外、人間の言語的ならびにコミュニケーション的本性そのものの疎外、ヘラクレイトスのある断片がそこに〈共通のもの〉を見てとっているロゴス〔言葉〕の疎外でもあったという意味において、マルクスの分析には補充がほどこされなければならないということである。この〈共通のもの〉の収奪の極端な形態がスペクタクルにほかならない。すなわち、わたしたちがそのもとで生活している政治なのだ。しかし、このことはまた、スペクタクルにおいてはわたしたちの言語的本性そのものが反転したかたちでわたしたちのもとに立ち戻ってくるということをも言おうとしている。このために（まさに共通善の可能性そのものが収奪されようとしているために）スペクタクルの暴力はこんなにも破壊的なのである。しかし、同じ理由から、スペクタクルはなにかそれへの対抗策として使用することのできる積極的な可能性のようなものを内包してもいるのである。

カバラー学者たちが《シェキナーの孤立》と呼び、『タルムード』の有名なハッガーダー〔寓話〕によると、パルデス〔楽園〕に（すなわち至高の認識に）入ったという四人のラビの一人、アヘルが犯したものとしている過ちほど、この状況に似たものはない。寓話は語っている。《四人のラビが楽園に入った。すなわち、ベン・アザイ、ベン・ゾーマ、アヘル、そしてラビ・アキバの四人である。……ベン・アザイは一目見て死んだ。……ベン・ゾーマは見て気が狂った。……アヘルは若苗を切った。……ラビ・アキバだけが無事に出てきた》〔「バビロニア・タルムード」ハギガー篇、14b参照〕。

シェキナーは十のセフィロートあるいは神の属性のうちの最後のものであり、神の臨在そのもの、神が地上に顕れること、ないし住まうことを表現している。つまりは神の《言葉》にほかならない。アヘルが《若苗を切った》ことはカバラー学者たちによってアダムの原罪と同一視されている。アヘルはセフィロートの全体を眺めることをせずに最後のものだけを眺めようとして、それを他のものから孤立させてしまった。こうして知識の木を生命の木から分離してしまったのだった。アダムと同様、アヘルは自らの運命と自らの特殊な能力をもって知識となしてしまうことによって神の顕現の最も完成された形態でしかない認識と言葉（シェキナー）を神が自らを啓示するさいの他のもろもろのセフィロートから孤立させてしまうかぎりでの人類を代表している。ここでの危険は、言葉――すなわち、何ものかを潜在状態から引っぱり出して啓示するもの――がそれによって啓示されるものから分離し、自立した存立を獲得してしまっていることにある。啓示され顕現させられた――ひいては共通で参与可能な――存在が啓示される事物から切り離され、その事物と人間たちのあいだに置かれるのである。このような追放状態のもとにあって、シェキナーはその積極的な能力を失い、邪悪なものに転化する（《それは悪の乳を吸う》とカバラー学者たちは言っている）。

　シェキナーの孤立がわたしたちの時代状況を表現しているというのはこの意味においてである。じっさいにも、旧来の体制のもとでは人間のコミュニケーション的本質の外化はあるひとつの前提に置かれたものが共通の基礎づけとして機能するという形態をとっていたのにたいして、スペクタクルの社会においては、このコミュニケーション的本質そのもの、この漠然とした一般的本質そのもの（すなわち言語活動）が他から切り離されて自立した領域を形成するようになる。コミュニケーションを妨害しているのは、コミュニケーション能力そのものである。人間たちは人間たちをひとつに結びつけているものから切り離されるのだ。ジャーナリストとメディアクラットがこの人間の言語的本性からの疎外の新しい僧侶である。

じっさいにも、スペクタクルの社会においては、シェキナーの孤立はその極端な局面に到達する。そして、そこでは言語活動は自立した領域となって構成されるだけでなく、もはや何ものも啓示しない。あるいは、より正確には、あらゆる事物が無であることを啓示する。言語活動のなかには、神も、世界も、啓示されるものも、何ひとつとして存在しない。しかしまた、いっさいを無に帰してしまおうとするこの極端な露呈行為のなかで、言語活動（人間の言語的本性）はまたもや隠蔽され分離される。こうして、これが最後とばかりに、言葉にはしないまま、あるひとつの歴史的時代ならびにあるひとつの国家、つまりはスペクタクル、あるいは達成されたニヒリズムの時代へとわたしたちを運命づけるのである。あるなんらかの基礎の想定に立脚して建設された権力が今日この惑星のいたるところで動揺を来たしており、地上の王国がつぎつぎに国家という形式の完成型をなす民主主義的 - スペクタクル的体制へと向かっているのは、このためである。地上の諸国民を単一の共通の運命へと駆り立てているのは、もろもろの経済的必要や科学技術の進歩である以前に、なによりも言語的存在が疎外され、それぞれの民族が言語のうちに住まうという死活にかかわる状態から根こぎにされてしまっているという事実なのだ。

だが、まさにこの理由から、わたしたちが生きている時代は人間たちが彼ら自身の言語的本質を経験することが初めて可能になった時代でもある。それも、言語活動のあれやこれやの内容ではなくて、言語活動そのもの、あれやこれやの真理命題ではなくて、人が語るという事実そのものを経験することが初めて可能になった時代なのだ。このいっさいを荒廃させてしまう experimentum linguae〔言語活動の経験〕こそが現代政治の特徴をなしているのであって、それはこの惑星のいたるところで伝統と信念、イデオロギーと宗教、アイデンティティと共同性を解体し空っぽにしてしまっているのである。

それ〔いっさいを荒廃させてしまう言語活動の経験〕を徹底的に遂行して、啓示する者がそれの啓示する無のなかに隠蔽されたままとどまっていることをゆるさず、言語活動そのものを言語活動にもたらすことに成功する者たちだけが、もろもろの前提も国家ももたず、共通のものを無化し運命づける力が鎮静化され、シェキナーが自らの孤立した状態の邪悪な乳を吸うことを止めるような共同体の最初の市民であるだろう。

『タルムード』のハッガーダーのなかでのラビ・アキバのように、彼らは言語活動の楽園に入りこんでそこから無事出てくることだろう。

◆——ギー・ドゥボール（Guy Debord, 1931-1994）はフランスの著述家、映画作家。「アンテルナシオナル・シチュアシオニスト」の創立メンバー。

19　天安門　Tienanmen

なんであれかまわない個物ないし単独者の政治、すなわち、その共同体がなんらの所属の条件（赤いものであるとかイタリア人であるとか共産主義者であるとかいったような）によっても、そうした条件のたんなる不在（最近フランスでブランショが提起した否定的共同体◆）によっても媒介されることなく、所属それ自体によって媒介されているような存在の政治とは、どのようなものでありうるのだろうか。北京から届いたばかりのニュースが回答のためのなにがしかの要素をもたらしてくれる。

じっさいにも、中国の一九八九年五月のデモにおいて最も衝撃的なのは、特定の要求内容が比較的不在であったことである（民主化と自由は衝突の実際的な対象を構成するにはあまりにも漠然としていてつかみどころのないスローガンである。そして唯一の具体的な要求であった胡耀邦の名誉回復は速やかに譲歩されていた）。それだけに国家権力による反動の暴力は説明しがたいように見える。それでもたぶん、釣り合いがとれないように見えるのはあくまでも外見上のことであって、中国の指導者たちは、彼らなりの観点に立ったところから、もろもろの論点をもっぱら民主主義と共産主義の対立というますます説得性を失いつつある対立にもっていこうと腐心している西洋の傍観者たちよりもはるかに大きな明晰さをもって行動していたのだった。

なぜなら、到来する政治の新しい事実とは、それがもはや国家の獲得や管理のための闘争ではなく、国家と非国家（人類）のあいだの闘争、なんであれかまわない単独者たちと国家組織との埋めることのできない分離になるだろうということだからである。このことは、近年さまざまな異議申し立て運動のなかで何度も表現を見いだしてきた、国家にたいする社会的なもののたんなる権利要求とはなんの関係もない。なんであれかまわない単独者たちは、妥当させるべきなんらかのアイデンティティも承認させるべきなんらの所属のきずなももっていないため、ソキエタース〔societas：社会〕なるものを形成することができないのである。じっさいにも、最終的には、国家はどんなアイデンティティティ要求でも承認することができる。（わたしたちの時代における国家とテロリズムのあいだの関係の歴史が雄弁に物語っているように）国家自体の内部にあっての国家的アイデンティティですら承認することができる。しかし、複数の単独者が寄り集まってアイデンティティなるものを要求することのない共同体をつくること、複数の人間が表象しうる所属の条件を（たんなる前提のかたちにおいてであれ）もつことなく共に所属する〔co-appartenere〕こと――これこそは国家がどんな場合にも許容することのできないものなのだ。というのも、国家の基礎をなしているのは――バディウが明らかにしたように――それが体現しているという社会的なきずなではなく、そのきずなの解体であるからであって、これを国家は禁ずるのである。国家にとっては、重要なのは断じて単独者そのものではなく、あくまでもその単独者がなんであれかまわないがひとつのアイデンティティのうちに包含されていることであるにすぎない（しかしまた、そのなんであれかまわないもの自体がアイデンティティをもつことなく取り戻されること――これこそは国家が折り合いをつけるにいたる気にはなれない脅威なのだ）。

あらゆる表象可能なアイデンティティを根本的に奪われているような存在は、国家にとっては絶対に取るに足らない存在であるだろう。このような存在こそは、わたしたちの文化において、剝き出しの生が神聖であるという偽善的なドグマや人権にかんする内容空疎な宣言が隠蔽する任務を引き受けてきたものにほかならない。ここでは「神聖な」という語はその語がローマ法においてもっていた意味以外の意味をもちえない。sacer〔聖なる〕とは人々の世界から排除されてきた者、犠牲に供されることはできないものの、殺人罪を犯すことなく殺害することがゆるされている者（neque fas est eum immolari, sed qui occidit parricidio non damnatur）のことである。（この見方からして意味深長なのは、ユダヤ人絶滅が死刑執行人からも裁判官からも殺人行為の項目に入れられてこず、むしろ、裁判官たちはこれを人類にたいする犯罪として提示してきたこと、そして勝利した権力のほうではこのアイデンティティの欠如をそれ自体が新たな虐殺の源泉となる国家的アイデンティティを〔敗者の側に〕認めることによって埋め合わせようとしてきたことである）。

所属そのもの、自らが言語活動のうちにあること自体を自分のものにしようとしており、このためにあらゆるアイデンティティ、あらゆる所属の条件を拒否する、なんであれかまわない単独者こそは、国家の主要な敵である。これらの単独者たちが彼らの共通の存在を平和裡に示威するところではどこでも天安門が存在することだろう。そして遅かれ早かれ戦車が姿を現わすだろう。

◆——*La communauté inavouable*, Minuit, 1983〔モーリス・ブランショ『明かしえぬ共同体』、西谷修訳、ちくま学芸文庫、一九九七年〕を参照のこと。

取り返しがつかないもの

L'irreparabile

注記

これらの断章はハイデガーの『存在と時間』第9節およびウィトゲンシュタインの『論理哲学論考』6・44への註解として読むことができる。これら二つのテクストにおいて問題となっているのは、形而上学の古くからの問題である本質と現実存在、quid est と quod est の関係を定義するこころみである。わたしたちの時代は存在論（第一哲学）にわずかしか共感を示していないため、この関係をぞんざいにも脇に追いやってきた。これらの断章が、明らかな欠点をかかえていながらも、この関係についての思考をさらに押し進めるのに成功しているか否か、またどの程度まで成功しているか否かは、思考がともあれそれらの断章をその背景の上に位置づけることができた場合にのみ、明らかとなるだろう。

I

〈取り返しがつかないもの〉とは、もろもろの事物がそんなふうにあるがままに、あれやこれやの仕方で存在しており、修復のしようもなくそれらの存在様式に引き渡されてしまっていることを指す。事物の状態は、その状態がどのようなものであれ取り返しがつかない。悲しいものであれ楽しいものであれ、ひどいものであれ幸せなものであれ、取り返しがつかない。きみのあるがままの状態、世界のあるがままの状態――これが〈取り返しがつかないもの〉なのだ。

啓示が明らかにするのは世界が神聖なものであるということではなく、取り返しがつかないほど神聖でなくなってしまっているということでしかない。(名辞はいつも事物を名づけることとしかしない)。啓示は世界を神聖でなくなってしまってモノと化してしまった状態へと引き渡す――これこそはまさしく起きてしまっていることではないのか。救済の可能性はこの点においてのみ始まる――それは世界が神聖でなくなってしまっていること、世界がそんなふうに存在していることの救済である。

(だからこそ、世界と生活をふたたび神聖なものにしようと努めている者たちは、世界が神聖でなくなってしまっていることに絶望している者たちと同じく、不敬虔なのだ。だからこそ、俗界を聖界から画然と切り離すプロテスタント神学は正しいと同時に間違ってもいるのだ。正しいというのは、世界は啓示によって(言語活動によって)取り返しがつかないほど神聖でない領域に引き渡されてしまっているからである。また間違っているというのは、世界が救済されるのはほかでもないそれが神聖ではないかぎりにおいてのことだからである)。

世界は――絶対的に、取り返しがつかないほど神聖でなくなってしまっているかぎりにおいて――神である。

スピノザによる取り返しがつかないものの二つの形態である安堵と絶望（『エチカ』第3部、感情の定義14－15）は、この観点からは同一である。本質的であるのは、あらゆる疑いの原因が除去されてしまっているということ、もろもろの事物が確実にそして最終的にそんなふうに存在しており、そこから生じるのが喜びであるか悲しみであるかはどうでもよいということである。事物の状態としては、天国は地獄と、特徴こそ正反対であるにしても、完全に等価である。（だが、もしわたしたちが絶望のうちにあって安堵を感じることがありうるとしたなら、あるいは安堵のうちにあって絶望することがありうるとしたなら、そのときにはわたしたちは事物の状態のうちにひとつの縁＝欄外、その状態のうちに包摂することのできないひとつのリンボを知覚していることとなるだろう）。

あらゆる純粋の喜びとあらゆる純粋の悲しみの根源をなしているのは、世界がそのようにあるがままに存在しているという事実である。悲しみや喜びが生じるのは、世界がそうと見えるようなあり方をしておらず、あるいは世界がそのようであってほしいとわたしたちが望んでいたものが不純で暫定的なものだからである。だが、疑いや希望のあらゆる正当な原因が除去されて、喜びや悲しみが最高度に純粋なものであるときには、世界はそんなふうに存在しているということが世界にたいして言われるときには、悲しみや喜びが対象にもつのは否定的な質や肯定的な質ではなくて、なんらの属性ももたない、純粋のそんなふうに存在していることである。

神は世界のうちにあって自らを啓示するのではないという命題は、世界は神を啓示しないということこそが本来の意味で神的なものなのだ、と言うことによっても表現できるかもしれない。(だから、それは『論理哲学論考』の《最も苦い》命題ではない)。

幸福な者の世界と不幸な者の世界、善良な者の世界と邪悪な者の世界は、同じ事物の状態を内包しており、それらがそんなふうに存在していることにかんしては、完全に同一である。正しい人は別の世界に住んでいるわけではない。救済された者と堕落した者は同じ四肢をもっている。光り輝く身体も死すべき身体でしかありえない。それが変化させるのは事物ではなくて事物の境界である。それはさながら事物の上にいまやなにか光背のようなもの、栄光のようなものが吊り下がっているかのようである。

〈取り返しがつかないもの〉は本質でもなければ現実存在でもない。実体でもなければ質でもない。可能的なものでもなければ必然的なものでもない。それは本来の意味では存在のあるなんらかの様相ではないのであって、すでにつねに様相のなかであたえられる存在であり、存在の様相そのものである。あるなんらかのそんなふうにではないのであって、そんなふうにそのものである。

そんなふうに。このちっぽけな言葉の意味は把握するのが最もむずかしい。《だから事物はそんなふうに存在しているのだ》。だが、あるなんらかの動物にかんして、世界はそれがそんなふうにあるがままに存在していると言えるのだろうか。わたしたちが動物の世界を正確に記述することができたとしよう。そして動物の世界を（蜜蜂、ヤドカリ、蚊の世界を描いたユクスキュル◆の本の色つき図版のように）わたしたちにほんとうに動物がそれを見ているとおりに表象してみせることができたとしよう。しかし、たとえそんなことができたとしても、その世界はそんなふうにを含んではいないだろう。動物にとってそんなふうにではないだろう。要するに、動物にとってはその世界は取り返しのつかないものではないだろう。

そんなふうに存在しているというのは、あるひとつの実体が存在していて、そんなふうにがその実体の規定ないし質を表現しているということではない。存在はそれの質の前か後に置かれているような前提ではない。そんなふうに存在している存在は、取り返しがつかないことにも、それのそんなふうにそのものである。それはただそれの存在の仕方そのものであるにすぎない。(そんなふうには、現実存在を規定する本質ではない。そうではなくて、現実存在はその本質をそれがそんなふうに存在していること自体のうちに、それが自己を規定したものであることのうちに見いだすのである)。

そんなふうにというのは、それ以外ではないということを意味する。(この葉は緑色だ、だからこの葉は赤色でも黄色でもない)。だが、あらゆる可能性、それぞれの述語を否定する、そんなふうに存在しているものなど、そもそも考えることができるのだろうか。ただたんにそんなふうにだけ、それがそのように存在するままに存在していて、それ以外のどんな仕方においても存在していないようなものなど、考えることができるのだろうか。しかしまた、これは否定神学、すなわち、あれでもなければこれでもなく、そのようにでもなければこのようにでもなく、それがそのように存在するままに、そのあらゆる述語（あらゆる述語とはそもそも述語ではないということである）をたずさえて存在しているということを理解する、唯一の正しい仕方なのではないだろうか。それ以外ではないは、それぞれの述語を本来的な特性としては（本質の次元においては）否定するが、それらの述語をすべて非本来的な特性としては（現実存在の次元においては）取りあげなおすのである。

（そのような存在は、純粋の、単独的な、しかしまた完全になんであれかまわない存在であるだろう）。

アナフォラ〔代応〕としてのそんなふうにという語は先行する語へとわたしたちを送り返す。そして、この先行する語をつうじてのみ、それは（それ自体としては意味を欠いているのだが）それ本来の指示対象を同定する。

だが、ここでわたしたちが思考しなければならないのは、もはやどんな意味やどんな指示対象にも送り返すことのないアナフォラ、もはや何も前提しておらず、すっかりまるごと表に露呈されている、絶対的なそんなふうになのだ。

文法学者たちによると代名詞の意味を定義しているという二つの特徴、直示と関係、デイクシス〔指呼〕とアナフォラ〔代応〕は、ここでは最初から考えなおさなければならない。これらの特徴がこれまで理解されてきた仕方こそ、存在の理論、すなわち第一哲学を、そもそもの始まりから規定してきたのだった。

代名詞において問題となっている純粋の存在（substantia sine qualitate〔質をもたない実体〕）は、いつの場合にも、前提の図式にしたがって理解されてきた。デイクシスの場合には、現に進行しつつある言述を指示しうる言語活動の能力をつうじて、ある非言語的なものが直接無媒介に存在するということが前提されている。この非言語的なものについては、言語活動は名指すことはできず、ただ呈示することができるにすぎない（呈示することが現実存在とデノテーション〔表示〕のモデル、アリストテレスのいうトデ・ティ〔tode ti：この何か／『形而上学』1029a28〕を提供してきたのは、この理由による）。アナフォラの場合には、言述のなかですでに言及された語への指示をつうじて、この前提は名指されるものが適用される基体＝主語（ヒュポケイメノン〔hypokeimenon〕）として言語活動と関連させられる（アナフォラが本質と意義のモデル、アリストテレスのいうティ・エーン・エイナイ〔ti hen einai：何であるか／『形而上学』1029b12〕を提供してきたのは、この理由による）。代名詞は、デイクシスをつうじて、関係させられていない存在を前提に据え、アナフォラをつうじて、それを言述の《基体＝主語》にする。こうして、アナフォラはデイクシスを前提にしているのであり、デイクシスは（現に進行中の言述を想定しているかぎりで）アナフォラへと送り返すのである。両者は交互に相手を含意しているのだ。（これが、ウーシア〔ousia〕という語がもつ、言表しがたい個物とさまざまな述語の下にある実体という二重の意味の起源である）。

こうして、代名詞の二重の意味のうちには、本質と現実存在、意義とデノテーション〔表示〕への存在の本源的な分裂が、両者の関係が明るみになることはけっしてないまま、表現されている。ここで思考してみなければならないのは、まさしく、この関係である。デノテーションでも意義でもなく、デイクシスでもアナフォラでもなく、両者が互いに相手を内に含んでいる状態にほかならないこの関係をこそ、思考してみなければならないのだ。それは純粋の直示の対象である非言語的なものでもなければ、その非言語的なものが命題のなかで言表されたかたちで言語活動のうちに存在しているというのでもなく、事物自体つまり非言語的なものが言語活動のうちに存在している状態のことである。すなわち、ある存在が前提に置かれているのではなくて、表に露呈されている状態にほかならないのである。

現実存在と本質、デノテーション〔表示〕と意義のあいだの表に露呈された関係は、同一性（同じ事物：idem）の関係ではなく、自体性（事物自体：ipsum）の関係である。哲学における多くの混乱は後者を前者と混同してしまったことから生じている。思考のことがらは同一性ではなくてことがら自体である。このことがらはそれに向かってことがらが超越される別のことがらではないが、しかしまた同一のことがらでもない。ことがらはここでは自己それ自体に向かって超越される。それがそのように存在するままに存在していることに向かって超越されるのである。

そのように存在するままに〔tale quale〕。ここでtaleというアナフォラは先行する指示語へと（前言語的な実体へと）送り返すことはしない。またqualeもtaleにその意義を賦与するような指示対象を同定するのには役立たない。qualeはtaleとは別の現実存在をもつわけではなく、tale も quale とは別の本質をもつわけではない。両者は一方が他方を縮約しあう関係にあり、交互に露呈しあっている。そして現実に存在しているものはあるがままの存在であって、なんらかの前提に送り返すことのない絶対的なあるがままの質である。アルケー・アンヒュポテトス〔archē anypothetos：無前提の始元／プラトン『国家』510b7〕なのだ。

わたしのあるがままの存在、わたしが現実に存在している様式を、あれやこれやの質、あれやこれやの性格、有徳であるとか悪徳であるとか、裕福であるとか貧乏であるとかいったものとしてでなく、引き受けること。わたしのもろもろの質、わたしがそんなふうに存在していることは、それらの背後にとどまっていて、わたしが本当ならばそうであるだろうような、あるなんらかの実体（あるなんらかの基体）によって品質づけられた〔際立たせられた〕ものではない。わたしはけっしてあれとかこれとかではないのであって、つねにそのように存在するままに存在しているわたしなのだ。絶対的な意味で、**eccum sic**〔ほら、かように〕。所有ではなく、境界。前提されたものではなく、表に露呈された状態。

表に露呈された状態、すなわち、そのように存在するままに存在していることは、実在的な述語（赤い、熱い、小さい、滑らか、等々）のうちのどれでもないが、それらと異なったものでもない（もし異なったものであったとしたら、それはある事物の概念に付加されるなにか別の事物、それゆえ、これもまたひとつの実在的な述語であることになってしまうだろう）。きみが表に露呈されているということは、きみがたずさえているもろもろの質のひとつではないが、これらの質と異なったものでもない（それどころか、それはそれらの質以外の何ものでもないと言ってもよいだろう）。実在的な述語は言語活動の内部にあってのもろもろの関係を表現するのにたいして、表に露呈されている状態というのは、言語活動そのものとの、それの生起との、純粋な関係である。それは、言語活動に関係しているという事実、名指されているという事実のゆえに何ものかに（より正確には、何ものかの生起に）起きるもののことである。ある事物は赤い（と名指される）。そしてこのために、すなわち、それがそのように名指されており、そのようなものとして（たんに赤いものとしてでなく）自らに言及しているかぎりにおいて、それは表に露呈されているのである。露呈されている状態としての現実存在とは、そのようなものがそのように存在していることにほかならない。（この意味では、そのように性のカテゴリーは思考されないままあらゆる質のなかにとどまりつづけている基本的なカテゴリーである）。

現実に存在するとは、品質づけられる〔際立たせられる〕こと、そのようなものとして存在するという責め苦に遭わされること（inqualieren〔ヤーコプ・ベーメ『アウローラあるいは曙光』26・87〕）を意味する。このため、質、それぞれの事物がそんなふうに存在しているということは、それが拷問を受けて発生〔湧出〕するということにほかならない。つまりはそれの境界なのだ。たとえば、きみが現に存在している仕方――きみの顔――はきみが拷問を受けて発生したことを意味している。そしてそれぞれの存在はその存在の仕方、その発生の様式にほかならず、またそうであらざるをえない。すなわち、それがそのように存在するままに存在しているということにほかならず、またそうであらざるをえないのである。

そのようにはそのようなものを前提しない。前者は後者を表に露呈する。前者は後者が生起するありようにほかならない。(この意味においてのみ、本質は現実存在のなかに横たわっている——liegt——と言うことができる)。そのようなものはそのようにを想定しない。前者は後者によって表に露呈されるのであり、それが純粋に外在的なものになっているということにほかならない。(この意味においてのみ、本質は現実存在を内包している——involvit——と言うことができる)。

言語活動は何ものかを何ものかとして名指す。木を「木」と名指し、家を「家」と名指しする。思考はこれまで第一の何ものか(現実存在、何ものかが存在するということ)か第二の何ものか(本質、何ものかは何であるかということ)、両者の同一性と差異に注意を集中してきた。だが、本来であれば思考されるべきであったもの——として、という言葉、露呈の関係——は思考されないままにとどまってきた。この本源的なとしてこそは哲学の主題であり、思考のことがらなのだ。

ハイデガーはアポファンシス〔挙示〕的判断の特徴をなすとして(*als*)の構造を明るみに出したことがあった〔『存在と時間』第33節参照〕。アポファンシス的判断は了解行為の循環構造としてのとしてに基礎を置いている。了解の行為が何ものかを了解し発見するのは、つねにすでに何ものかから出発してであり、何ものかとしてであって、了解の行為は、こう言ってよければ、すでにそれの許にあることが見いだされているものに向かって後退していくのである。判断のなかでは、この《何ものかとしての何ものか》という構造はわたしたちに馴染み深い主語-述語関係という形式をとる。《チョークは白い》という判断が述べているのは白いものであるかぎりにおいてのチョークについてであって、このようにして、「何かについて」をそれが了解されるさいに通過する「何かであるかぎりにおいて」のなかに隠蔽してしまっているのである。

だが、このことによっては、《として〔als〕》の構造と意味はなおも明らかにはならない。何ものかを《何ものか》と名指すとき、隠蔽されてしまうのは、何かについてのもの〔intorno-a-che〕（第一の何ものか）だけではない。なによりもまずもってはとしてそのものが隠蔽されてしまうのだ。存在を存在として把捉しようとこころみる思考は、存在者にそれ以上の規定を付加することなく、しかしまた存在者を挙示するなかで述定行為の言表不可能な主語として前提することもなく、存在者に向かって後退していく。存在者をそれがそのように存在しているままに、そのとしてのただなかにおいて了解することによって、それの純粋の非潜在性、純粋の外在性をつかみ取るのである。それはもはや何ものかを《何ものか》として名指すことはしない。そうではなくて、としてそのものを言葉にもたらす。

意義とデノテーション〔表示〕だけで言語的指示作用が尽くされるわけではない。第三の項を導入する必要がある。意義でもなければデノテーションでもない事物そのもの、そのように存在するままに存在している存在がそれである。（これがもろもろの観念についてのプラトンの理論が意味しているところのものである）。

絶対的に定立されてはおらず関係性をもたない存在（athesis）でもなければ、定立されていて関係性をもつ作為的な存在でもなく、永遠に表に露呈された作為的な存在。つまりは永遠のアイステーシス〔aesthesis〕、感覚作用。

けっしてそれ自体ではなく、現実存在者であるにすぎない存在。それはなにか本質的なものが現実存在したのではなく、なんらの隠れ場所ももたず全面的に現実存在している者そのものである。それは現実存在している者を基礎づけたり運命づけたり無化したりはしない。それはあくまでもそれが表に露呈された状態であり、それの光背、それの境界である。現実存在している者はもはや存在に送り返すようなことはしない。それは存在のただなかに存在している。そして存在は全面的に現実存在している者のなかに放擲されてしまっている。避難場所をもたないまま、しかしまた安全な――それが取り返しのつかないものであることにおいて安全な状態で。

現実存在者である存在は、それ自体が事物として存在する危険ないし無である危険からはつねに安全な状態にある。現実存在者は、存在のただなかに放擲されてしまったなら、完全に表に露呈されているのである。

アッティコスはイデアを“paraitia tou einai toiauta ecasth'oiaper esti〔それぞれの事物が現に今そうである仕方で存在していることのパラ（副次的）原因〕”と定義している〔断片9〕。それぞれの事物にとって、たんに存在していることのではなく、それがそのように存在するままに存在していることの、原因ではなく、原因に隣接したものであるというのである。

それぞれの事物がそのように存在するままに存在していることがイデアなのだ。それはまるであらゆる存在者の形相、認識可能性、容貌が当の存在者から別の事物としてではなく、インテンティオー〔intentio：志向〕として、天使として、形像として分離しているかのようである。このインテンティオーの存在の様式はたんなる現実存在でもなければ超越存在でもない。それはパラ現実存在ないしパラ超越存在とでも称すべきものであって、事物の傍らに（パラ〔para〕という接頭辞のあらゆる意味において）住まっている。それも、事物とほとんど見分けがつかなくなり、事物の光背をなすほど接近した位置にある。それは事物と同一のものではないが、しかしまた事物以外のものでもない（それは事物となんら異なるところのないものである）。すなわち、イデアの現実存在はパラダイム的な現実存在である。それぞれの事物が自分自身と並んで自らを表示したもの（para-deigma）にほかならないのである。だが、このように自分自身と並んで自らを表示するということは、それが境界に位置しているということでもある。あるいはむしろ、境界の縁がほつれて見分けがつかなくなった状態と言ったほうが適当だろう。つまりは光背である。

（プラトンのイデアのグノーシス的読解。これはまたアヴィセンナの天使‐知性と愛の詩人たちにも、オリゲネスのエイドスと「真珠の歌」◆◆の光り輝く衣裳にも適用される。そして救済が生じるのはこの取り返しのつかないイメージにおいてである）。

永遠のそのように性――これがイデアである。

◆――ユクスキュル（Jakob Johann von Uexküll, 1864-1944）は「環境世界（Umwelt）」論で知られるエストニア出身の生物学者・動物行動学者。

◆◆――「真珠の歌」は『使徒トマスの言行録』108‐113に挿入されている歌で、グノーシスの最も代表的な宗教歌。

III

キリストの犠牲による罪の贖いは、神聖でなかったものが神聖なものに転化し、見失われていたものがふたたび見いだされるような出来事ではない。逆に、その贖いは、見失われたものが取り返しのつかないほど見失われてしまうことであり、神聖でないものが最終的に神聖でないものになってしまうことである。だが、まさにそれゆえに、それらはいま、それらの目標点に触れる。境界が到来するのだ。

わたしたちが希望をもつことができるのは、ただひとつ、救済のしようもなく存在しているものにおいてである。事物がそんなふうに存在しているということ――このこと自体はなおも世界のうちにあっての出来事である。だが、このことが取り返しのつかないものであるということ、そのそんなふうには救済のしようもないということ、わたしたちにできるのはそれをそのようなものとして観照することだけであるということ——このことは世界の外に出るための唯一の通路でもある。（救済の最も奥深い性格をなしているのは、わたしたちが救済されるのはわたしたちがもはや救済されたいとは願っていないときである、ということである）。

そんなふうに存在しているということ、それが本来の存在様式であるということ——このことをわたしたちはあるひとつの事物としてつかみ取ることはできない。それどころか、それはあらゆる事物性が消えてなくなってしまうということでしかない。（だから、インドの論理学者たちは言っていたのだった。事物の sicceitas（事物がそんなふうに存在していること）は、それらの事物が本来の性質を奪われていること、それらが空なるものであることにほかならない、と。また、現世と涅槃とのあいだには最も小さな差異も存在しない、と）。

人間は、もろもろの事物に出会うことによって、そしてもっぱらこの出会いのなかにおいてのみ、非事物的なものへと開かれる存在である。またひるがえっては、非事物的なものに開かれているため、もっぱらこの理由によってのみ、取り返しのつきようもなくもろもろの事物へと引き渡されているのでもある。

非事物的なもの（霊的なもの）であるということは、もろもろの事物のなかで自分を見失ってしまうこと、もろもろの事物以外にはなにも心に思い描くことができないほどまでに自分を見失ってしまうことを意味している。そして、そのときになってはじめて、世界の取り返しのつきようもない事物性を経験するなかで、境界にぶち当たり、それに触れることを意味している。（これが「表に露呈する」という言葉の意味である）。

もろもろの事物の生起は世界のなかでは生じない。
ユートピアとはもろもろの事物のトピア〔場〕にほかならない。

そんなふうにあらんことを。あらゆる事物のうちに、善悪を超えたところで、ただ単純にそんなふうにをしかと肯定すること。だが、そんなふうには、ただ単純に、あれやこれやの仕方で、なんらかの特性を具えたかたちで、を意味するのではない。《そんなふうにあらんことを》とは「そんなふうなものであらんことを」を意味する。すなわち、sì〔然り〕である。

（これがニーチェのJa〔然り〕の意味である。Jaが名指しているのは、たんに事物の状態ではなくて、その状態のそんなふうなありようなのだ。この理由でのみ、それは永遠に回帰することができるのである。そんなふうには永遠である）。

それぞれの事物がそんなふうに存在していることは、この意味では、永遠に不朽である。（甦るのは物体的な実質ではなくてエイドスであるというオリゲネスの教理〔『ケルソス駁論』参照〕は、このこと以外の何ごとも意味してはいない）。

ダンテは人間の言語をそれぞれocやoïlやsìという肯定の返事の仕方にしたがって分類している〔『俗語論』1・8〕。sìとかcosìというのは言語活動の名辞であって、非言語的なものが言語活動のうちに存在しているという意味を表現している。しかし、言語活動の現実存在とは、世界にたいして言語活動の無の上に宙づりになったままとどまっているようにと言うときのsì〔然り＝そんなふうに〕こそがそれなのだ。

十分な理由の原理〔充足理由律〕（《無よりはむしろ何ものかが存在する理由がある》）において本質的であるのは、何ものかが存在するということ（存在）でもなければ何ものかが存在しないということ（無）でもなく、無よりはむしろ何ものかが存在するということである。だから、それは存在する／存在しないという二つの項が対立しているというように読むことはできないのであって、むしろという第三の項を含んでいる。むしろというこの語はラテン語のpotiusに当たり、potisすなわち「できる」に由来する。つまりは、存在しないのではないことができることを指している。（驚かされるのは、何ものかが存在することができたということではなくて、存在しないのではないことができたということである）。

十分な理由の原理はつぎのように表現することができる。すなわち、《言語活動（理由）とは、無よりはむしろ（*potius* つまりはより強力に）何ものかが現実存在するさいの理由をなすもののことである》と。言語活動は存在しないことの可能性を開く。が、同時に、ひとつのより強い可能性、すなわち、何ものかが存在するという、現実存在の可能性をも開く。しかしながら、その原理が本来の意味で言っているのは、現実存在というのは不活性な所与ではなくて、それにはpotiusすなわち能力が内属しているということである。だが、この能力は、存在しないことの能力に対置された存在することの能力ではない（だれがこれら二つの能力のあいだでこちらであると決めることができるのだろうか）。それは存在しないのではないことができるという能力にほかならない。偶然的なものとはたんに必然的でないもの、存在しないことがありうるもののことではないのであって、そんなふうに存在しているもの、たんにそれの存在の仕方でしかないために、むしろでありうるもの、存在しないのではないことができるもののことである。（そんなふうに存在しているということは偶然的なことではない。それは必然的に偶然的なことなのだ。それは必然的なことでもない。それは偶然的に必然的なことなのだ）。

《わたしたちが自由なものとして表象する事物にたいする感情は、必然的な事物にたいする感情よりも大であり、したがってわたしたちが可能的あるいは偶然的と表象する事物にたいする感情よりもさらにいっそう大である。しかし、なんらかの事物を自由なものとして表象するとは、その事物が作動するよう決定された原因をわたしたちが知らないで、その事物をただ単純に表象するということにほかならない。それゆえ、わたしたちが単純に表象する事物にたいする感情は、その他の事情が等しければ、必然的な事物や可能的あるいは偶然的な事物にたいする感情よりも大であり、ひいては最大のものである》（スピノザ『エチカ』第5部定理5証明）。

何ものかをただ単純に、それがそんなふうに存在しているままに見ること。つまりは、取り返しのつきようもなく、しかしまただからといって必然的ではない仕方で存在しているとともに、そんなふうに、しかしまただからといって偶然的ではない仕方で存在しているままに見ること。――これが愛である。

世界が取り返しのつきようもないことをきみが認識する瞬間、まさにその瞬間において世界は超越的である。

世界はどのように存在しているのか――このことは世界の外にある。

二〇〇一年の傍注

Postilla 2001

夜のティックーン　Tiqqun de la noche

もし聡明な（あるいは言われるところの《しきたりから解き放たれた》）まえがきが何ひとつ論じてはならず、せいぜい、一種の偽りの運動に還元されるべきであるとするなら、優れた傍注〔postilla〕ないしあとがきは著者が彼の本に付加すべきものを絶対に何ひとつもっていないことを証示してみせるものでしかありえないだろう。

この意味では、傍注は終わりの時のパラダイムである。そこでは、すでになされてしまったことに何かを付け加えることほど、思慮分別のある人物の心に思い浮かぶことのないものはない。だが、まさしく、何ひとつ名指すことをしないままに語り、何ひとつなしとげることをしないままに振る舞うというこの技法――あるいはこう言ったほうがよければ《要点を繰り返す〔ricapitolare〕》、全体を解体して救済するというこの技法――こそ、実践するのが最もむずかしいものなのだ。

この傍注の著者は――第一哲学や政治についてイタリア語で書く者はだれでもそうであるように――自分が時代遅れの人間であることを完全に自覚している。それどころか、まさにこの意識こそが彼を今日それらの論題について書いているのだと言い張っている者たちから区別する。彼は《ある民族の歴史的存在を揺さぶる可能性》が雲散霧消してしまっただけでなく、召命とか民族とか歴史的任務とかいった観念――「クレーシス〔klesis：召命〕」とか《クラッセ〔classe：階級〕》といった観念――そのものまでもが徹頭徹尾考えなおされなければならないだろうということを知っている。このような時代遅れの人間の条件――宛先人のいない書き手、ないし〔帰属する〕民族のない詩人の条件――は、しかしながら彼にとってはシニシズムを正当化するものでもなければ絶望を正当化するものでもない。逆に、現在時は、最後の審判の日のあとに到来する時として、最も新しいものがいまなおつねに進行中であるために何ひとつ起こりえない時として、彼には最も成熟した時、もろもろの時の唯一真実のプレーローマ〔pleroma：充溢〕であるように見える。そのような時――わたしたちの時代――において固有のことがらは、ある時点にいたると、すべての者が——この地上のすべての民族とすべての人間が——残りの者の立場にいることが発見しなおされるということである。このことは、よく見てみると、メシア的状態の先例のない一般化を含意している。そして、そこでは、当初は仮説でしかなかったもの——活動の不在、なんであれかまわない単独者、ブルーム〔bloom〕◆——が現実に転化してしまっている。まさしく本書はこの非主体、この《形相をもたない生》、この人間のシャバト〔shabbath：安息日〕に——すなわち、文字どおり受けいれることができないでいた読者層に——差し向けられていたからこそ、本書はその目標を欠いてはいなかったのであり、ひいてはその反時代性を何ひとつ失ってはいなかったと言うことができるのである。

　知られているように、安息日にはわたしたちはあらゆるメラハ〔melakhà〕、あらゆる生産的な仕事を控えなければならない。この無為、この「仕事をしないでいること〔inoperosità〕」は、人間にとって、一種の補充的な魂のようなもの、あるいはこう言ったほうがよければ、彼の真実の魂である。しかしまた、純粋の破壊行為、完全に破壊的ないし脱創造的な性格をもつ活動は、メヌハ〔menuchà〕、安息日の無為に該当するものでもあっただろう。そして、そのようなものとして、禁止はされなかったのであろう。この意味では、労働ではなく、無為と脱創造行為こそが到来する政治のパラダイムをなす（ここで「到来する〔che viene〕」という語は「未来の〔futura〕」という意味ではない）。復旧、本書で問題になっているティックーンは、活動ではなく、一種特殊な安息日の休暇のようなものである。それはそれ自体としては救済しえないものでありつつ救済を可能にする。それ自体としては取り返しのつかないものでありつつ復旧が起こるままにさせておく。このために、本書においては、決定的な問いは《何をなすべきか》ではなくて、《どのようになすべきか》である。そして在ることはそんなふうにほど重要ではない。仕事をしないでいることは怠惰を意味するものではなく、カタルゲーシス〔katargesis：不活性にすること〕を意味している。すなわち、「どのように」が全面的に「何を」に取って代わるような活動、形相をもたない生と生をもたない形相が生という形相〔*forma di vita*〕において一致するような活動を意味している。このような意味での「仕事をしないでいること」を陳述することが本書の仕事であった。それはこの傍注と完全に合致している。

G・A

◆——一九九九年、『ティックーン（*Tiqqun*）』という哲学雑誌がフランスで急進左翼グループによって創刊された。「ブルーム（bloom）」というのは、その雑誌の第一号に掲載されている綱領的文書「ブルームの理論（Théorie du Bloom）」に出てくる言葉。アガンベンの表記では頭文字が小文字になっているが普通名詞ではなく、ジェイムズ・ジョイスの小説『ユリシーズ』の登場人物「レオポルド・ブルーム氏」をモデルに見立てた人物の名前である。晩期資本主義の「スペクタクルの社会」における“homme ordinaire”すなわち「標準的な一般人」ないし「凡人」の代表名詞として用いられており、危機に瀕した近代的主体のありようがバタイユ、ドゥボール、ヴァレリー、ベンヤミン、そしてなかでもアガンベンの分析に依拠しながら描き出されている。グループは二〇〇一年、九・一一事件後、ヴェネツィアで解散しているが、一部のメンバーは「不可視委員会（Comité invisible）」としてその後も活動を続けている。

◆◆——ティックーン（tiqqun）はイサーク・ルリア（Isaac Luria Ashkenazi, 1534-1572）のカバラーにおける専門的術語で、「壊れた器（世界）の修復」を意味する。ユダヤ教では、安息日の夜、信徒たちが旧約聖書のそれぞれの巻の最初と最後を読んで、世界の修復を図るしきたりがあった。傍注のタイトルとなっている「夜のティックーン（tiqqun de la noche）」というのは、このユダヤ教の古くからのしきたりを指しているものとおもわれる。なお、この傍注の内容を理解するためには、アガンベンが本書新版刊行の前年である二〇〇〇年に公刊した *Il tempo che resta. Un commento alla Lettera ai Romani*〔上村忠男訳『残りの時——パウロ講義』岩波書店、二〇〇五年〕が参考になる。

訳者あとがき

本書は Giorgio Agamben, *La comunità che viene*, Torino : Bollati Boringhieri, 2001 の全訳である。

ちなみに、原著は最初一九九〇年に同じくトリーノの Einaudi 出版社から刊行されたが、ここで底本とした二〇〇一年の Bollati Boringhieri 版には “Tiqqun de la noche”（「夜のティックーン」）と題する傍注が付加されている。

翻訳にあたっては、以下のフランス語版、英語版、ドイツ語版、スペイン語版も参考にさせてもらった。

La communauté qui vient : Théorie de la singularité quelconque, traduit par Merilène Raiola, Paris : Éditions du Seuil, 1990.
The Coming Community, translated by Michael Hardt, Minneapolis-London : University of Minnesota Press, 1993.
Die kommende Gemeinschaft, übersetzt von Andreas Hiepko, Berlin : Merve Verlag, 2003.
La comunidad que viene, traducción de José Luis Villacañas, Claudio La Rocca y Ester Quirós, Segunda edición corregida y aumentada, Valencia : Pre-Textos, 2006. Primiera edición, 1996.

アガンベンの仕事の全容とそのなかで本書『到来する共同体』が占めている位置にかんしては、岡田温司さんの『アガンベン読解』（平凡社、二〇一一年）が参考になる。とくに『到来する共同体』については、第6章「共同体」での論及が示唆に富む。そこでは、アガンベンが『到来する共同体』の最後に配されている「天安門」と題された章のなかで《中国の一九八九年五月のデモにおいて最も衝撃的なのは、特定の要求内容が比較的不在であったことである。……それだけに国家権力による反動の暴力は説明しがたいように見える》としたうえで、その反動の理由を《複数の単独者が寄り集まってアイデンティティなるものを要求することのない共同体をつくること、複数の人間が表象しうる所属の条件をもつことなく共に所属すること》だけはなんとしても国家には我慢がならなかったのではないか、という点に求めていることに注意喚起がなされている。そして、ここには一九六八年のフランスにおける「五月革命」の特徴を「企てなしに（sans projet）」というモットーで表現するとともに、その意義を《功利的関心の埒外で共にあることの可能性》のうちに見いだした『明かしえぬ共同体』（一九八三年）のモーリス・ブランショの影がうっすらとながら読みとれるようにおもわれる、との感想が記されている。『到来する共同体』が《これらの単独者たちが彼らの共通の存在を平和裡に示威するところではどこでも天安門が存在することだろう。そして遅かれ早かれ戦車が姿を現わすだろう》という言葉でもって締めくくられていることに《われわれは少なからず戸惑いを覚えないではいられない》と率直な疑問が呈されている点もあわせて、一読に値するのではないかとおもわれる。

最後に一言。このたびの翻訳は、かねてよりアガンベンにひとかたならぬ関心を寄せてこられた月曜社取締役・小林浩さんの熱意にほだされて引き受けたものである。

上村忠男

二〇一二年七月

ジョルジョ・アガンベン『到来する共同体』への推薦文

イタリア現代思想の旗手ジョルジョ・アガンベンは私が近年出会ったなかでもっとも繊細で資料調査の行き届いた書き手の一人だ。ヴァルター・ベンヤミンを連想させるその著作はエレガントで快活であり——いささか使い古された言いかたではあるが——まったく革命的だ。

——アヴィタル・ロネル

アガンベンのテクストは、同一性と普遍性の両方を超えて作動する一種の言語的属性としての共同体をめぐる貴重な哲学的省察である。博識で議論は広大な範囲に及びながらも警句的な軽やかさを具えた彼の著作は、タルムードやプラトン、スピノザ、ハイデガー、ニーチェ、ウィトゲンシュタインらの思想のうちに見てとることのできるもっとも将来性豊かな多義性を前面に押し出して、人間とは取り返しのつかなさを身上とする歴史の内部にあっての偶発的で共同的な「存在」であることを公言する。このたえず移動と分裂を重ねていく仕事は、存在論的思想におけるもっともダイナミックなものをして、思考することのもっともむずかしいものに影響が及ぶよう導いていく。現代における社会性の諸形態がそれである。

——ジュディス・バトラー

『到来する共同体』が試みているのは、共同体の名のもとで使用可能ないかなる概念をも超えた共同体を示そうとすることである。それは本質の共同体、もろもろの現実存在の集合体ではない。つまりそれはまさしく、政治的同一性によっても宗教的同一性によってももはやつかみ取ることのできないものなのだ。それ以下の何ものでもないのである。

——ジャン＝リュック・ナンシー

本書は二〇一二年八月一五日に〈叢書・エクリチュールの冒険〉の第三回配本として初版一五〇〇部が発行された。このたびここにその新装版一〇〇〇部を発行するにあたって、訳文をわずかに改め、誤字脱字を正した。

ジョルジョ・アガンベン（Giorgio AGAMBEN）
1942年生まれ。イタリアの哲学者。月曜社より刊行した訳書に、1985年／2002年『散文のイデア』（高桑和巳訳、2022年）、1990年／2001年『到来する共同体』（本書）、1993年『バートルビー』（高桑和巳訳、2005年）、1998年『アウシュヴィッツの残りのもの』（上村忠男・廣石正和訳、2001年）、2005年『瀆神』（上村忠男・堤康徳訳、2005年／新装版2014年）、2005年『思考の潜勢力』（高桑和巳訳、2009年）、2017年『書斎の自画像』（岡田温司訳、2019年）、2017年『創造とアナーキー』（岡田温司・中村魁訳、2022年）など多数。

上村忠男（うえむら・ただお）
1941年生まれ。思想史家。近年の著書に『アガンベン《ホモ・サケル》の思想』（講談社選書メチエ、2020年）、『ヘテロトピアからのまなざし』（未來社、2018年）などがある。月曜社より刊行した訳書に、エンツォ・パーチ『関係主義的現象学への道』（編訳、2011年）、スパヴェンタ／クローチェ／ジェンティーレ『ヘーゲル弁証法とイタリア哲学』（編訳、2012年）など多数。

到来する共同体　新装版

著者 ジョルジョ・アガンベン
訳者 上村忠男

2012年8月15日　初版発行
2015年2月20日　新装版発行
2022年5月30日　新装版第2刷発行

ISBN978-4-86503-021-1
Printed in Japan

発行者 小林浩
発行所 有限会社月曜社
〒182-0006 東京都調布市西つつじヶ丘4-47-3
電話 03-3935-0515　FAX 042-481-2561
http://getsuyosha.jp/

印刷製本 モリモト印刷株式会社

叢書・エクリチュールの冒険　第三回配本